VINGT ANS DE POLICE

ANGERS, IMP. BURDIN ET Cⁱᵉ, RUE GARNIER, 4.

VINGT ANS
DE POLICE

SOUVENIRS ET ANECDOTES

D'UN ANCIEN OFFICIER DE PAIX

PARIS
E. DENTU, ÉDITEUR
LIBRAIRE DE LA SOCIÉTÉ DES GENS DE LETTRES
PALAIS-ROYAL, 15, 17 ET 19, GALERIE D'ORLÉANS
—
1881
(Tous droits réservés).

VINGT ANS DE POLICE

I

Quelques lignes d'introduction indispensables au lecteur.

Les faits du domaine de la police ont eu et auront, de tout temps, le privilége d'exciter la curiosité du public.

Quoique sceptiques et blasés, les Français aiment le merveilleux. Tout ce qui offre un caractère mystérieux, occulte, nous intéresse et nous passionne.

A notre époque comme aux beaux jours des mystères de la Kàbale et de l'Alchimie, les hommes adonnés à la recherche de l'inconnu acquièrent un réel prestige aux yeux des profanes.

Savoir faire la police aujourd'hui est plus qu'un

métier, c'est une science, science soumise, parfois encore, aux caprices du hasard; mais ayant des bases, des règles à l'aide desquelles elle poursuit son œuvre tutélaire et moralisatrice.

Le rôle le plus intéressant et le plus délicat de l'administration de la Préfecture de Police est précisément celui qui est le moins connu. Il semble jusqu'ici avoir été à dessein laissé dans l'ombre par les nombreux auteurs qui ont écrit sur ce sujet.

Ce rôle, on ne saurait trop le dire, consiste à prévenir le mal, plutôt que d'avoir à le réprimer.

Ah! si le public connaissait les scandales, les malheurs, les crimes même qui ont été évités par l'intervention opportune de cette administration, il rendrait plus pleinement justice aux fonctionnaires de tous rangs chargés d'une si délicate mission.

Les malfaiteurs depuis vingt ans ont fait faire un pas immense au vol et à l'assassinat.

Ils se sont assimilé avec une habileté prestigieuse tous les progrès de la science et de l'industrie pour s'assurer l'impunité. Leur audace est supérieure à celle de leurs devanciers, mais quoiqu'ils fassent, tôt ou tard l'heure de l'expiation finit toujours par sonner pour eux.

Il n'en est malheureusement pas de même pour une classe d'individus dix fois plus dangereux et cent fois plus audacieux, qui bravent impudemment la loi et de leurs victimes font leurs complices.

Ces gens-là, vous les connaissez, vous les rencontrez partout, ce sont ces êtres véreux, ces escrocs du grand monde, ces hardies aventurières qui, sous des dehors brillants pleins de séduction, se faufilent à droite et à gauche, livrent combat à la société et en tirent d'étonnantes ressources.

Véritables forbans, toujours armés en guerre, ils font la « course » sur l'océan parisien, se servant de toutes armes, de tous moyens, pour exploiter les capitalistes, les commerçants, pour spéculer sur les passions, dérober les secrets et déshonorer les familles.

Ces misérables-là sont plus coupables et plus difficiles à saisir que le voleur vulgaire ou le criminel endurci.

Nous n'avons point l'intention de faire ici un traité didactique de la police, et pour cause.

D'autres plus autorisés que nous ont publié sur cette matière des ouvrages fort remarquables, au premier rang desquels nous plaçons l'œuvre de M. Maxime Ducamp.

Nous ne prétendons pas davantage écrire des mémoires dans le genre de ceux de Vidocq ou de Canler.

Nous voulons simplement réunir les souvenirs et anecdotes se rattachant à des événements auxquels nous avons été mêlés pendant une période de vingt années.

Les anecdotes, dit-on, sont les miettes de l'histoire; eh bien, le lecteur trouvera dans ces pages, le récit impartial de faits déjà lointains, mais qui portent leur enseignement avec eux et qui, pour la plupart, sont encore présents à l'esprit de bon nombre de nos contemporains.

Quelques révélations seront certes inattendues, le public, nous l'espérons, les trouvera intéressantes.

S'attacher particulièrement à mettre en lumière des événements ayant un caractère essentiellement parisien, c'est-à-dire, imprévu, piquant, tel est notre but.

Ceci dit, nous entrons en matière.

II

Dix préfets de police en vingt années ! — Graves inconvénients occasionnés par les changements de ces hauts fonctionnaires. — Ce qu'il faut pour faire un bon Préfet de police.

Comme les morts de la ballade allemande, les Préfets de police vont vite depuis vingt ans !

Pendant cette période je n'ai pas vu moins de dix de ces fonctionnaires se succéder dans ce poste élevé.

Dix préfets en vingt années, c'est là, n'est-il pas vrai, un chiffre plein d'une singulière éloquence.

Il est juste d'ajouter que depuis 1870, on a fait une telle consommation de fonctionnaires, que ces changements n'ont plus rien d'anormal aujourd'hui.

Les hommes de notre époque s'usent si vite et durent si peu !

Je n'eusse pas relevé ce fait, si les remplacements fréquents des Préfets de police n'avaient pas pour principale conséquence de jeter une profonde perturbation dans une vaste administration aux rouages multiples qui, plus qu'aucune autre, a besoin d'une impulsion sage, ferme, constante.

Cette perturbation n'intéresse pas seulement la Préfecture de police, elle intéresse la capitale et même le pays tout entier.

A peine l'un des premiers magistrats de la ville a-t-il pu étudier, connaître l'organisation et les fonctionnaires de son administration que, neuf fois sur dix, de par les nécessités de la politique, il lui faut abandonner son poste avant d'avoir pu introduire les réformes qu'il avait jugées nécessaires, ou réaliser les progrès qu'il avait rêvés.

Son successeur poursuivra-t-il l'œuvre entrevue, commencée ?

Ce serait, vous l'avouerez, connaître bien peu les hommes que de le supposer.

En effet, est-ce que chacun n'a pas un système nouveau qu'il veut inaugurer, une organisation nouvelle qu'il caresse et des idées qu'il veut faire prévaloir ?

Qu'arrive-t-il alors?

C'est que d'essais en tâtonnements, de modifications en suppressions, on atteint un but diamétralement opposé à celui qu'on s'est proposé et que la nouvelle organisation n'est absolument que la désorganisation de ce qui existait.

Est-ce à dire que tout soit parfait dans le fonctionnement de la préfecture de police?

Nous ne le prétendons pas, mais on n'obtiendra un bon résultat, qu'autant que chaque réforme sera mûrement étudiée par des gens expérimentés, positifs, et non par des fonctionnaires improvisés, imbus d'idées fausses, plus ou moins forts en théorie, mais ignorants, nuls dans la pratique.

En matière de police, moins encore qu'ailleurs, on ne saurait faire des hommes capables du jour au lendemain.

Pour acquérir ce résultat, l'œuvre du temps est absolument indispensable.

Et cela est tellement vrai que les Préfets réputés comme M. Delessert, n'ont dû leur succès qu'à des efforts constants et à leur long passage aux affaires publiques.

Insister plus longuement sur ce point serait puéril.

Il ne faut pas se le dissimuler, mais peu d'hommes, même éminents, réunissent toutes les qualités requises pour remplir convenablement les fonctions si difficiles de Préfet de police.

La première des conditions pour occuper ce poste périlleux, est d'être rigoureusement esclave de la loi ; aussi les Préfets pris dans la magistrature offrent-ils, à ce point de vue, un avantage sérieux sur certains de leurs devanciers ou de leurs successeurs choisis dans le haut personnel administratif.

Ensuite, la vigilance d'un fonctionnaire de cet ordre doit être sans cesse en éveil sur les moindres détails de son administration, il lui faut de la fermeté, du sang-froid et quelles que soient les circonstances, savoir agir et agir promptement.

Quand nous aurons ajouté qu'un Préfet de police doit être équitable, accessible à tous, qu'il lui faut posséder une grande largeur d'esprit et de vues, être au courant de la politique sans s'y mêler, qu'il doit enfin, chose rare à notre époque, écouter et ne pas parler hors de propos, vous croirez peut-être que tout cela suffit pour réaliser l'idéal du modèle des Préfets ?

Détrompez-vous, ce n'est pas encore assez.

Sachez-le, si l'homme chargé de veiller à la sûreté de l'Etat et des citoyens, si l'homme qui détient des pouvoirs aussi étendus que puissants, si cet homme n'est pas Parisien, il est incomplet!

N'allez pas crier au paradoxe! Voici ce que nous entendons par cette qualité de Parisien, qui est indispensable au premier magistrat de la capitale.

La Préfecture de police a possédé à sa tête des Préfets nés dans la vieille Lutèce, mais qui, en réalité, n'étaient que des Parisiens de province où ils avaient longtemps occupé des postes élevés.

Ces hommes distingués, sans doute, étaient peu initiés aux mystères étranges de la vie de Paris.

Vieillis dans l'étude et le travail, ils ignoraient ce qu'est exactement cette grande ville dans laquelle ils étaient venus au monde.

Les mœurs bizarres de certaines classes de la société leur étaient étrangères. La rigidité de leurs principes, leur éducation les avaient tenus éloignés de ces milieux brillants et pervertis avec lesquels ils n'étaient pas familiarisés et qu'ils auraient dû pourtant connaître.

Térence a dit il y a bien des siècles :

1.

— « Je suis homme, et rien de ce qui est humain ne m'est étranger. »

Eh bien ! cette vérité, plus que toute autre, s'impose à un Préfet de police qui, lui, doit, sinon tout savoir, du moins ne rien ignorer à propos.

Comme « l'Asmodée » du « Diable boiteux » de Cazotte, les toits de toutes les maisons de la grande cité ne doivent cacher aucun mystère pour lui.

Il faut qu'il soit renseigné sur ce qui se passe dans toutes les classes de la société, qu'il pénètre au besoin dans chaque intérieur, et tous les bruits petits ou grands, vrais ou faux doivent avoir leur écho dans son propre cabinet.

Secrets d'État, ou secrets de boudoir, racontars de Bourse ou de coulisses, cancans de journaux ou cancans parlementaires, il doit tout connaître et connaître tout le premier.

Il n'y a pas là, on le comprend bien, une curiosité banale à satisfaire, mais un intérêt réel à prévenir soit un scandale, soit un événement dont les conséquences peuvent être incalculables, car il ne faut jamais l'oublier, en matière de police, rien n'est inutile, et par conséquent rien n'est à négliger.

Quel livre palpitant d'intérêt on pourrait écrire

avec le récit des drames intimes, des histoires navrantes dont la police a le secret et dont elle conjure ou paralyse chaque jour les sombres dénouements !

Or, comment un Préfet peut-il répondre aux exigences multiples de cette situation, si, en dehors de toutes les sources d'informations qu'il doit rechercher, diriger, il ne se renseigne pas par lui-même?

C'est là qu'il lui faut être Parisien et Parisien jusques au bout des ongles.

Il doit être homme du monde par excellence, recevoir beaucoup, assister aux raoûts officiels, se montrer à l'Opéra, aux courses, au bois, avoir de hautes et nombreuses relations et élargir le plus possible, même pour le personnel immédiat qu'il entoure, le cercle des amitiés et des rapports mondains.

Les représentants des puissances étrangères doivent toujours trouver chez lui l'accueil le plus empressé, car il peut en résulter de précieux avantages pour l'échange de renseignements utiles et importants.

Dans de telles conditions, on le voit, ce poste si envié n'est point une sinécure. En effet, tout doit marcher de front, chaque chose doit être réglée, prévue à l'avance, les principaux chefs de service doivent conférer quotidiennement avec leur supérieur, puis il y a des audiences à donner, les affaires graves à examiner, les visites à faire au chef de l'État, aux ministres, aussi le Préfet de police dont nous venons d'esquisser le portrait, est-il exposé à passer debout ou à travailler une bonne partie des nuits que tant d'autres consacrent béatement au sommeil !

Sur les dix Préfets qui se sont succédés pendant la période de temps que j'ai appartenu à l'administration, deux étaient des fonctionnaires de l'Empire : MM. Boittelle et J. Pietri, les huit autres, issus du gouvernement républicain, étaient MM. de Kératry, Ed. Adam, Cresson, général Valentin, Léon Renault, Félix Voisin, Albert Gigot et M. Louis Andrieux, le préfet actuel.

On peut voir, par cette énumération, l'instabilité regrettable des Préfets de police sous la République.

III

Evénements de 1848 : Blanqui, M. C*** et la garde mobile. — L'agent secret Z. Marcas. — M. de Morny et M. de***. — Episode relatif au Coup d'Etat de Napoléon III.

Avant de relater les faits se rattachant à l'exercice de chacun des fonctionnaires dont nous venons de donner les noms, nous jugeons à propos de consigner ici trois anecdotes qui ne nous sont pas personnelles, mais qui nous paraissent de nature à jeter une certaine lumière sur les événements ayant précédé ou préparé l'avénement de Napoléon III au pouvoir.

Procédons par ordre chronologique.

Dans les derniers jours de mai 1848, le vingt-sept, pensons-nous, Blanqui, le farouche sectaire, l'homme de toutes les conspirations, de tous les complots, convoquait au carré Marigny, dans les Champs-Elysées, les chefs des principaux clubs de la capitale et les cadres de la garde mobile.

Dans cette assemblée en plein vent, l'incorrigible révolutionnaire fit décider l'insurrection de juin et obtint la promesse formelle des sous-officiers, et des caporaux de la garde mobile, d'empêcher leurs hommes de tirer sur le peuple.

Les graves décisions arrêtées dans ces assises, présidées par Blanqui, ne tardèrent pas à être connues des membres du gouvernement exécutif et à causer l'appréhension la plus vive parmi eux.

La défection de la garde mobile devant l'insurrection était, en effet, la perte du pouvoir, la ruine du pays.

Les conséquences de la nouvelle prise d'armes projetée devaient être incalculables et on ne savait comment conjurer un danger aussi imminent.

Le temps passait, et peu à peu, l'émotion populaire atteignait son apogée.

Une inquiétude morne, générale, régnait dans Paris, où les bruits les plus alarmants se répandaient de jour en jour, d'heure en heure.

— Les gardes mobiles lèveront la crosse, ils

refuseront de tirer sur leurs « frères, » disait-on de tous côtés.

Cette rumeur se propageait comme le feu à une trainée de poudre, et avait pour effet d'accroître la crainte des conservateurs et d'augmenter l'assurance des émeutiers.

Les membres du gouvernement examinèrent avec peu de sang-froid, les moyens à employer pour sortir de cette situation périlleuse, mais on ne pouvait s'entendre sur ce que l'on devait faire pour prévenir ou arrêter une lutte dont l'issue menaçait fatalement l'ordre social.

Le péril devenait de plus en plus formidable.

Ce fut alors qu'on songea à consulter M***. Celui-ci, déférant au désir qui lui était exprimé, se rendit au sein du conseil des membres du gouvernement exécutif.

Il attendit patiemment que la discussion fut épuisée. Cédant ensuite aux instances dont il était l'objet, il prit la parole au milieu d'un silence vraiment poignant.

— « Vous craignez, Messieurs, avec juste raison, la défection de la garde mobile composée d'éléments si divers, si dangereux, eh bien ! je vous demande carte blanche et je me charge de faire fusiller « la canaille par la crapule. »

Cette déclaration assez étrange faite d'une voix ferme, pleine d'assurance, inspira immédiatement la plus grande confiance à tous les membres du gouvernement, si troublés quelques minutes encore auparavant.

Chacun ne vit que le résultat à atteindre et nul ne songea à discuter ou à demander quels moyens M.*** se proposait d'employer.

Aux heures d'angoisse, de naufrage, peu importent les moyens, les sacrifices, pourvu que le bâtiment et son équipage soient sauvés.

Il s'agissait alors du salut de la capitale, du salut de la France, ce que M.*** venait de demander lui fut donc accordé sans discussion.

On était au 20 juin, Paris se hérissait de barricades, deux jours après, c'est-à-dire le 22, l'effervescence populaire était à son comble, le sang allait couler.

Le bataillon de la garde mobile du quartier du Panthéon avait reçu l'ordre de se mettre en marche. Les officiers connaissaient les indécisions et les mauvaises dispositions des hommes auxquels ils commandaient, aussi, malgré leurs exhortations et l'exemple qu'ils étaient prêts à donner eux-mêmes, redoutaient-ils le moment du premier choc.

Les gardes mobiles, on le sait, formaient une masse hétérogène composée d'enfants de Paris, âgés de dix-sept à vingt-ans, d'un esprit versatile et indiscipliné.

Le bataillon descendit le quartier latin l'arme sur l'épaule droite, passa devant le Palais de Justice, et commença à s'engager lentement sur le Pont-au-Change.

A l'extrémité de ce pont, sur la rive droite, existait à cette époque un réseau de petites rues que la transformation de la place du Châtelet a entièrement fait disparaître.

Presque au bout du pont et non loin de la rue de la Lanterne, où Gérard de Nerval devait se pendre plus tard, se trouvait une barricade élevée devant un magasin de la rue de la Barillerie, portant pour enseigne : « Aux deux Pierrots. » Une cinquantaine d'émeutiers environ, le fusil en main, se tenaient derrière cet amas de pavés.

Lorsque la colonne déboucha sur le pont, il y eut derrière comme devant la barricade, un sentiment d'indécision inexprimable. Une solennité pleine d'horreur et d'anxiété troublait les soldats de l'ordre et ceux de l'émeute.

De part et d'autre, la responsabilité suprême du premier coup de feu tiré paralysait les combattants.

Cependant la garde mobile avançait en bon ordre sur le pont ; quelques hommes se disposaient déjà à mettre la crosse en l'air.

Des insurgés montant alors sur la barricade crièrent :

— Voici nos frères, fraternisons ! Ils ne tireront pas sur nous !

Ces cris entremêlés parvenaient distinctement aux mobiles, dont les premiers rangs ralentissaient de plus en plus le pas.

Une minute encore et tout était perdu.

A ce moment de nouvelles voix s'élevèrent derrière la barricade.

— Nous laisserons-nous surprendre, criaient-elles, ne voyez-vous pas qu'ils ne s'arrêtent que pour mieux nous mitrailler. Citoyens : aux armes ! aux armes !

Une douzaine de fusils s'abattit aussitôt et une forte décharge retentit.

Les premiers coups de feu venaient de partir

des rangs des émeutiers! la bataille des rues était engagée!

A cette attaque soudaine, imprévue, les gardes mobiles voyant le sang des leurs couler, ne se continrent plus. Entraînés par un élan irrésistible, ils franchirent les cinquante mètres à peine qui les séparaient de la barricade, l'escaladèrent courageusement, mais ils la trouvèrent presque abandonnée par ses défenseurs, dont ils aperçurent le plus grand nombre s'enfuyant à travers les rues enchevêtrées de ce quartier.

On sait le reste.

Pendant trois jours le canon et la fusillade retentirent jour et nuit dans la capitale. La garde mobile combattit héroïquement aux côtés de la troupe et de la garde nationale.

Ces braves gamins de Paris sauvèrent leur ville, la préservèrent du pillage, de l'incendie. Car, sans eux, on aurait pu voir se produire, dès 1848, l'insurrection dévastatrice de 1871.

Mais ce branle, cet élan, qui l'avait donné ?

C'est ici que se trouve le point délicat de la question que nous avons abordée.

Le résultat obtenu doit être attribué à M.*** qui,

— d'après le récit que nous tenons d'un homme mêlé à tous les événements de cette époque — aurait envoyé à la barricade de la rue de la Barillerie une dizaine d'individus, dont l'attitude et les moyens persuasifs surent provoquer le succès de la cause de l'ordre.

Les « Aristarque » plus ou moins humanitaires d'aujourd'hui contesteront, blâmeront l'usage de tels expédients ; qu'ils se souviennent donc :

1° Que messieurs les révolutionnaires ne se sont jamais montrés scrupuleux sur le choix des procédés qu'ils ont employés pour servir leur cause. S'il était nécessaire de citer des exemples, nous ne serions guère embarrassés. Bornons-nous à rappeler simplement l'assassinat du pompier de la Villette, en 1870, et la tentative du 31 octobre de la même année.

2° Enfin on ne doit pas oublier qu'à l'heure du péril social, il est des sacrifices cruels, douloureux, commandés par l'intérêt général. Entre deux maux il faut choisir le moindre ; or, dans un danger de mort et lorsque de l'ablation d'un membre gangrené dépend le salut du corps tout entier, qui donc pourrait blâmer l'homme énergique tentant cette opération ?

Ce que M.*** sans situation officielle, avait pu conseiller ou faire exécuter en juin 1848, dans un intérêt d'ordre social, il refusa plus tard de le faire dans un intérêt politique.

M. *** s'était engagé envers M. Thiers à ne pas servir les desseins du prince prétendant.

Il tint parole, car il ne voulut à aucun prix prêter son concours au coup d'État.

Voici à ce sujet quelques renseignements certainement inédits.

Quelques jours avant le 2 décembre, le prince Louis-Napoléon fit venir à l'Elysée l'homme qui nous a fourni ces détails.

Cet homme servait la Préfecture de police d'une façon occulte depuis 1832. Il existe encore aujourd'hui et, quoique âgé de quatre-vingts ans, il n'en a pas moins conservé une mémoire des plus fidèles.

On conçoit que nous ne puissions le nommer, aussi pour la commodité du récit, lui donnerons-nous le nom de Z. Marcas, illustré par Balzac.

La personnalité de cet individu, comme celle de tous ses congénères, est certes peu digne d'intérêt, cependant nous devons en dire quelques mots, afin de mieux faire comprendre le rôle que cet homme a pu jouer, malgré son obscurité, dans les circonstances que nous allons relater.

Z. Marcas après avoir suivi toutes les péripéties de la Restauration, du retour de l'île d'Elbe, des guerres d'Espagne, quitta l'armée, devint ouvrier et s'affilia bientôt au carbonarisme.

Depuis cette époque il se mêla constamment à la politique, fit partie des sociétés secrètes, prit part à tous les événements et fut en relations avec toutes les notabilités qui, pendant cinquante ans, ont dirigé les mouvements révolutionnaires dans notre pays.

Tel était le personnage que le futur Empereur faisait venir à l'Elysée vers la fin de novembre 1851.

L'agent secret était à peine en présence du Prince Président que celui-ci lui demanda « ex abrupto : »

— Voyons, Marcas, vous qui, m'a-t-on dit, savez fort bien tâter le pouls de l'opinion publique, et qui connaissez le peuple des faubourgs, dites-moi exactement ce que vous pensez de la situation. Iront-ils, comme ils prétendent, briser les urnes électorales et la révolution est-elle à craindre ?

— Monseigneur, répondit l'ancien carbonaro, je vais en quelques mots vous répondre franchement.

Vous n'avez rien à redouter d'une révolution par

le peuple, car lorsque dans l'espace de moins d'un siècle ce peuple a fait trois révolutions pour conquérir ses droits politiques, lorsqu'il est arrivé à la perfection, qu'il ne sait plus qu'en faire, lorsque, comme aujourd'hui, il va vendre son fusil ou le déposer au coin d'une borne pour aller discuter, dans les clubs, la manière dont il vivra le plus confortablement possible avec le moins de travail possible, ce peuple-là, Monseigneur, n'est pas disposé à se faire tuer.

Le Prince Président, avec son masque impassible, écoutait froidement. Aux derniers mots prononcés par l'agent il congédia celui-ci par ces simples paroles :

— Merci de votre renseignement.

Z. Marcas, à peine sorti de l'Elysée, courut à la Préfecture de police rendre compte de la conversation qu'il venait d'avoir.

M***, en entendant les détails qui lui étaient donnés, ne put s'empêcher de s'écrier :

— Ah! malheureux! vous venez de faire le coup d'État.

Cette prévision n'était que trop juste et quelques jours après M.*** quittait son poste, laissant à un autre, le soin de prendre toutes les mesures destinées à assurer l'attentat de Louis-Napoléon.

Ce fut alors qu'on inaugura le système de la police provocatrice qui fut si pernicieux au régime impérial et dont les conséquences furent si fatales au pays.

Le coup d'État allait éclater, mais il fallait trouver le moyen d'allumer la mine.

On s'adressa à cet effet à un sieur Ch*** qui, avec l'aide de deux autres agents, se rendit rue Rambuteau et réussit, moyennant de nombreuses pièces d'argent, à entraîner de malheureux ouvriers exaltés par la politique et les propos qu'on leur tenait.

Une voiture fut aussitôt renversée, les pavés s'amoncelèrent rapidement. La première barricade était dressée. Les premiers coups de fusil retentirent.

Le lendemain, le faubourg St-Antoine suivait l'exemple et élevait la barricade où Baudin se faisait tuer quelques heures après.

L'impulsion était donnée, le coup d'État avait eu l'émeute pour complice.

Un peu plus tard, sur les conseils du fameux Lagrange, ancien affilié à la société secrète « La Marianne, » Z. Marcas fut cassé aux gages par M. Piétri, préfet de police. M. de *** faisant partie du Ministère, nourrissait un secret antagonisme contre le nouveau Préfet, il apprit la révocation de l'agent secret et lui fit aussitôt adresser une lettre de convocation.

Rompu aux intrigues, mais ne devinant pas ce que le Ministre lui voulait, Z. Marcas crut devoir prendre certaines précautions; on verra plus loin qu'il était bien avisé.

Il se rendit donc à l'appel qui lui était adressé et déclara à l'huissier, chargé de l'introduire, qu'il avait oublié sa lettre d'audience chez lui, alors que le dit papier se trouvait en réalité dans son portefeuille.

L'agent fit passer son nom et quelques instants après le dialogue suivant s'engageait entre M. de *** et lui.

— Eh bien, ce maladroit de Piétri vous a donc renvoyé ?

— Oui, monsieur, il prétend que je suis entaché d'orléanisme.

— Voulez-vous me servir ?

— Cela dépend, Excellence, en quoi puis-je vous être utile ?

— Écoutez et d'abord prenez ceci. M. de ***, joignant le geste aux paroles, tendait un rouleau d'or à l'agent.

— Pardon, répliqua ce dernier, je n'ai pas gagné cet argent, veuillez m'apprendre ce que je dois faire, si cela m'est possible je le ferai et vous me récompenserez quand j'aurai réussi.

Le Ministre, peu habitué à des scrupules qui, nous devons le dire, sont aussi rares qu'invraisemblables chez les agents secrets, le Ministre serra son rouleau d'or et poursuivit :

— Vous n'ignorez pas que je serais enchanté de jouer un mauvais tour à celui qui vient si maladroitement de se priver de vos services, vous pouvez donc m'être très utile. Mieux que quiconque, vous êtes au courant des dispositions des faubourgs, où règne encore une certaine effervescence ne demandant qu'à se faire jour. Une trentaine d'hommes énergiques, résolus, suffiraient pour mettre ces dispositions à profit et provoquer une tentative dont les conséquences seraient sans danger pour vous. Aussitôt la chose faite, vous passeriez en Belgique. Une fois là, vous retrouverez le général C***, dont le bon accueil vous est assuré, et vous me tiendrez au courant des faits et gestes de ce personnage.

Z. Marcas, tout surpris, écoutait sans rien dire les paroles de l'Excellence. Celle-ci, cherchait à suivre l'effet de ses étranges propositions sur le visage de son interlocuteur.

Après quelques secondes de réflexion l'agent répondit d'une voix embarrassée :

— Vous me demandez, Monsieur le Ministre, une chose aussi délicate que difficile.

— Pas pour vous, interrompit M. de***.

— Je ne puis agir à la légère, reprit Z. Marcas, et, avant de rien entreprendre, je vous demanderai au moins quarante-huit heures de réflexion.

— Soit, revenez après-demain et surtout apportez-moi une « *bonne* » décision.

L'agent sortit. A peine dehors, il s'achemina vers les Champs-Élysées. Dès les premières ouvertures qui venaient de lui être faites, il avait pris son parti.

Arrivé au rond-point, devant le coquet hôtel de la comtesse Lehon, il sonna à la grille, entra, puis se dirigea vers le petit pavillon connu sous le nom de niche à Fidèle et qu'occupait encore M. de Morny.

Victor, le fidèle valet de chambre de celui que l'Empire devait élever au rang de duc et de premier ministre déclara au visiteur que son maître était à sa toilette et ne pouvait recevoir.

— Dites au comte, insista l'agent, qu'il s'agit de choses graves intéressant la sûreté de l'État.

Ces mots produisirent immédiatement l'effet du fameux Sézame, ouvre-toi.

Quelques secondes après le serviteur introduisait Z. Marcas auprès de M. de Morny.

L'ancien officier d'Afrique se tenait debout devant une glace, un rasoir à la main. Sans se retourner, il continua à se raser et invita l'homme qui invoquait de si puissantes raisons pour pénétrer jusqu'à lui, à s'expliquer rapidement.

L'agent raconta mot à mot la conversation qu'il venait d'avoir avec M. de***.

Ce récit fut accueilli avec une incrédulité bien légitime.

Z. Marcas sortit alors de son portefeuille la lettre d'audience que M. de*** lui avait fait adresser.

La vérité commençait à prendre corps et, devant les affirmations réitérées de l'agent, le doute ne fut plus possible. M. de Morny donna immédiatement l'ordre de faire atteler afin de se rendre à St-Cloud, où se trouvait Napoléon III.

L'agent voulut prouver mieux encore que par des paroles la véracité de ses assertions.

A cet effet, il entra dans la loge tenue par la femme du valet de chambre Victor et, tandis qu'on attelait les chevaux à la voiture, il écrivit quelques lignes à la hâte.

Il terminait à peine que le comte de Morny montait dans son équipage.

Z. Marcas courut à lui et dit en présentant le papier qu'il tenait :

— M. le comte, je vous prie de vouloir bien prendre connaissance de la lettre que j'adresse à M. de*** et je vous serais reconnaissant de la lui faire parvenir par la voie que vous jugerez convenable.

M. de Morny prit le pli et lut ceci :

« Monsieur le Ministre,

« J'ai mûrement réfléchi à vos propositions, mais
« je ne saurais les accepter ; car, si depuis longtemps
« je sers mon pays sur le terrain le plus ingrat, j'ai
« toujours eu pour principe d'être le scrutateur fidèle
« de l'opinion publique et je n'ai jamais voulu faire, ni
« ne ferai jamais ce que vous attendez de moi, c'est-
« à-dire de la police provocatrice.

« Veuillez agréer, M..., etc.

« Z. MARCAS. »

Le signataire de cette lettre observait attentivement la figure du comte, sur laquelle se reflétait une réelle satisfaction. M. de Morny avait entre les mains une preuve du danger que certains hommes politiques devaient faire courir au gouvernement de Napoléon III, il serra le papier et se fit conduire à St-Cloud.

Deux jours après, M. Gérard, chef du cabinet de M. de Persigny, Ministre de l'Intérieur, faisait prévenir Z. Marcas qu'il eût à se rendre le dimanche suivant à St-Cloud, où le prince le recevrait à dix heures du matin.

L'agent fut exact au rendez-vous, il confirma de point en point ce qu'il avait raconté à M. de Morny, puis il termina en disant à Louis-Napoléon :

— « Je ne sais à quoi vous êtes destiné, Monseigneur, mais permettez-moi de vous donner très humblement un avis : évitez toujours la police provocatrice, c'est une arme à deux tranchants qui, presque toujours, se retourne contre ceux qui l'emploient.

Le Prince Président s'entretint quelques instants encore avec l'agent; prenant ensuite une boîte, il lui dit :

— Vous avez des enfants, prenez ces bonbons pour eux.

La boîte, outre les dragées, contenait un billet de cinq cents francs. Au moment où l'audience allait prendre fin, Louis-Napoléon demanda à Z. Marcas ce qu'il pouvait faire pour lui.

— Monseigneur, répondit l'ancien carbonaro, je demande seulement à être réintégré dans mon emploi. »

Le futur Empereur écrivit séance tenante quelques mots à l'adresse de M. Piétri.

Vers la fin de la journée Z. Marcas se présentait au cabinet du Préfet de police et s'en vit refuser la porte.

L'huissier de service, esclave de sa consigne, ne voulait même pas passer le nom de celui qu'il connaissait pourtant de longue date.

— Eh bien, insista l'agent, veuillez simplement remettre à M. Piétri cette lettre du Président de la République, peut-être ainsi parviendrai-je à être reçu.

Il ne se trompait pas, et dix minutes après le Préfet de police donnait ordre de réintégrer Z. Marcas dans le cadre des agents occultes.

Le surlendemain M. de*** avait quitté le ministère.

IV

**M. Piétri, préfet de police (27 janvier 1852 au 16 mars 1858).
— L'Impératrice Eugénie et une grande dame étrangère.
— Un complot avorté.**

M. Pietri, premier Préfet de police du nom, était un homme froid, austère, bon administrateur, fort intelligent et entièrement dévoué au régime impérial.

Il fut à un moment donné placé dans une singulière alternative et n'hésita pas à sacrifier sa position pour prouver son attachement à la personne de Napoléon III. Les détails que nous possédons à ce sujet nous ont été donnés, il y a longtemps déjà, par une personne ayant occupé des fonctions près du Prince Président et étant en étroits rapports d'amitié avec MM. Vieillard et Moquart. Si nous avons ouvert cette parenthèse, c'est afin de dégager à demi notre responsabilité dans le récit d'événements auxquels nous n'avons pas été directement mêlé.

Le nouveau souverain de la France avait brillamment inauguré l'ère de son règne, la guerre de Crimée avait affirmé la prépondérance de nos armes, la naissance du Prince Impérial avait comblé les vœux de Napoléon III en assurant un héritier à la couronne. Le prestige du monarque s'imposait alors à tous.

Le fataliste dont l'étoile brillait d'un éclat qu'il croyait pour toujours assuré, s'éprit à ce moment d'une belle et spirituelle comtesse étrangère.

Cette grande dame, adorablement jolie, adorablement blonde, ne tarda pas à devenir la rivale de la duchesse de Montijo, Impératrice des Français.

Cette liaison fort discrète d'abord, fut bientôt connue et certain costume de Salambô devait la transformer plus tard en véritable scandale.

Mais avant l'exil et le retour de celle dont les splendeurs plastiques produisirent une si vive impression au bal des Tuileries, il y eut un incident peu connu et que nous allons raconter. Ce fut celui par lequel l'Impératrice Eugénie apprit l'infidélité de son époux et les relations de Napoléon III avec la noble Italienne.

La belle comtesse habitait dans le quartier des Champs-Elysées un petit hôtel solitaire de l'avenue des Veuves.

L'Empereur sortait fréquemment seul, le soir. Il quittait les Tuileries, traversait les Champs-Elysées et se dirigeait à pied vers la demeure de celle qu'il aimait d'une sincère et durable affection.

Ces sorties nocturnes étaient naturellement connues de la police du château et l'officier de paix, Hébert, prenait toutes les mesures nécessaires pour veiller à la sûreté du chef de l'État.

La surveillance occulte, dont il était l'objet, gênait et agaçait tellement Napoléon III qu'à diverses reprises il défendit qu'on le suivit et ordonna aux agents de s'éloigner.

Enveloppé d'un large vêtement, l'Empereur se dissimulait de façon à n'être pas reconnu, chaque fois qu'il se rendait avenue des Veuves.

Monsieur Pietri était renseigné fort exactement sur le nombre et la durée des visites mystérieuses faites par le souverain à la séduisante patricienne.

Quelques précautions que l'on prit, le bruit de

ces relations transpira dans le public et fut connu d'un certain nombre de réfugiés italiens.

Ceux-ci résolurent de mettre les circonstances à profit pour se débarrasser violemment de l'ancien carbonaro qui, une fois arrivé au pouvoir, avait oublié les engagements pris dans les conciliabules de Lugano.

Afin de mettre leur projet à exécution, les réfugiés louèrent une maison située vis-à-vis de celle occupée par la maîtresse de Napoléon III.

Leur plan était fort simple. Ils avaient arrêté qu'à la première occasion favorable ils assassineraient l'Empereur. Les conjurés, dissimulés derrière les arbres, guetteraient son passage et le frapperaient de leurs poignards au milieu de la nuit.

En apprenant ce complot, Monsieur Pietri se trouva dans une horrible perplexité.

Les ordres formels de Napoléon III ne permettaient pas qu'on les transgressât, il ne fallait donc pas songer à aposter d'une manière efficace des agents sur la route du monarque amoureux.

Dans ces conjonctures le Préfet de police crut devoir prendre sur lui de présenter de respectueuses observations au souverain. Il lui fit voir tout le danger qu'il y avait à s'aventurer seul, à pied, la nuit, dans un quartier aussi désert, alors que des assassins, cachés dans l'ombre, le stylet à la main, épiaient ses moindres mouvements.

Toutes ces exhortations, accueillies d'un ton hautain, ne permirent aucune réplique et Monsieur Pietri dut se retirer sans avoir obtenu de l'Empereur qu'il renonçât, même momentanément, à ses sorties nocturnes.

La situation était grave, les conjurés s'étant promis d'agir immédiatement. D'un autre côté, Napoléon III, avec l'entêtement qui lui était propre, persistait malgré tout à se rendre à ses rendez-vous clandestins.

Le malheureux Préfet de police cherchait à tout prix à conjurer le danger ; l'obstination du souverain augmentait le péril, car tout faisait supposer que l'attentat aurait lieu le soir même.

Effrayé de la responsabilité qui pesait sur lui, mû par l'affection qu'il portait à l'Empereur, Monsieur Pietri vainquit ses hésitations, alla tout droit chez l'Impératrice et lui fit part de ce qui se passait.

Le soir, lorsque redevenant homme, l'auguste personnage chercha à se retirer, l'Impératrice Eugénie s'efforça de retenir l'infidèle.

Ses prières, ses larmes restaient inefficaces; ce fut alors que, se jetant aux genoux de Napoléon III, elle s'écria :

— Sire, au nom de la France, au nom du Prince Impérial, je vous adjure de renoncer à votre projet.

L'épouse offensée ne parlait point d'elle et pourtant, son amour-propre, son cœur de femme souffraient cruellement.

L'Empereur en voyant pleurer la mère du jeune Prince se rendit à ses supplications; il ne sortit point ce soir-là.

Quelque temps après la belle comtesse quittait la France, les conjurés Italiens étaient expulsés de notre territoire, et Monsieur Pietri résignait ses fonctions.

A dater de cette heure, l'Impératrice fut fixée douloureusement sur la constance de son époux. Ses pleurs coulèrent pour la première fois depuis le jour où, resplendissante de bonheur, de beauté, elle s'agenouillait dans la vieille église métropolitaine de Notre-Dame pour s'asseoir ensuite sur ce trône qui devait s'abîmer plus tard dans un horrible effondrement.

Déjà commençait à s'accomplir l'implacable destinée

qui devait frapper la souveraine, l'épouse et la mère !

Comme homme et comme fonctionnaire dévoué, Monsieur Pietri avait fait tout ce qu'il pouvait tenter ; son zèle fut mal récompensé et l'attentat d'Orsini servit de prétexte à sa disgrâce. Nous devons faire remarquer cependant que la police de l'Empire, dont l'action a été plus néfaste à ce régime que profitable, se montra, en effet, fort au-dessous de sa mission dans le complot de l'Opéra.

V

M. Boitelle, préfet de police du 16 mars 1858 au 21 février 1866. — Un Préfet doit être diplomate. — Le chambellan de X*** policier amateur. — Deux dangereux conspirateurs. — Napoléon III, M. Boitelle, le chambellan de X*** — Le portrait d'Orsini.

Sorti des rangs de l'armée en qualité de capitaine de lanciers, pour entrer dans la carrière administrative, Monsieur Boitelle, qui succéda à Monsieur Pietri, était un esprit froid, méthodique, aimant la ligne droite.

Dès son entrée dans la vie politique, il voulut rester à l'écart de toutes les intrigues qui se formaient à la cour. Il s'occupa activement des hauts intérêts administratifs dont il était chargé, et étudia les réformes à introduire dans le fonctionnement de la partie purement municipale de la Préfecture de police.

Cependant Monsieur Boitelle dut sortir incidemment de la ligne de conduite qu'il s'était tracée et qu'il suivit toujours par la suite.

L'anecdote vaut la peine d'être racontée. Elle montrera qu'aux nombreuses qualités que l'on doit exiger d'un Préfet de police, qualités énumérées dans un chapitre précédent, il faut encore y ajouter les aptitudes d'un véritable diplomate.

C'était, si mes souvenirs sont exacts, vers 1858, Monsieur de X***, alors chambellan de l'Empereur, avait entrepris dans un but intéressé sans doute, d'ébranler la confiance que Napoléon III témoignait à M. Boitelle.

Le courtisan procéda d'abord par insinuations, puis, peu à peu, voyant qu'on lui prêtait une oreille attentive, il devint affirmatif et laissa entendre à l'Empereur que sa police était mal renseignée, que les hommes les plus dangereux pouvaient impunément se cacher dans Paris et y tramer à leur aise de noirs complots.

Ces déclarations, habilement préparées, finirent par produire l'effet que leur auteur en attendait.

Napoléon III, sans être convaincu de l'exactitude rigoureuse des faits articulés par son chambellan, n'en crut pas moins devoir faire de discrètes observations au Préfet de police.

Celui-ci ne put qu'opposer des dénégations pures et simples, mais il sentit bientôt l'insuffisance de ce système et comprit qu'il fallait trouver mieux pour réduire à néant les doutes et les craintes exprimées par l'Empereur.

Monsieur Boitelle, devinant qu'on cherchait à lui nuire dans l'esprit du souverain, voulut découvrir d'où partaient les attaques dirigées contre lui.

Vivement préoccupé de cette guerre sourde, le Préfet jugea à propos de consulter l'un des fonctionnaires placés sous ses ordres, Monsieur Nusse, alors contrôleur général.

Quarante-huit heures après Monsieur Boitelle apprenait que l'instigateur de la lutte qu'il avait à soutenir, était M. de X***, chambellan de l'Empereur.

L'inspirateur de ce familier du château se nommait Y. Cet homme, ancien commissaire de police à la Constituante de 1848, fournissait, moyennant une large rétribution, les rapports fantaisistes communiqués par Monsieur de X*** au souverain.

Satisfait de ces premiers renseignements, le Préfet

de police attendait patiemment le moment où il pourrait prendre sa revanche et prouver l'habileté du personnel de son administration.

Sur ces entrefaites le chambellan reçut de son agent une importante communication démontrant à quel point la police était insuffisante.

Le sieur Y informait en effet Monsieur de X*** qu'il venait d'entrer en relations avec deux proscrits rentrés clandestinement à Paris, et descendus depuis peu dans un hôtel de la rue du Vertbois.

Ces individus, ajoutait l'ancien commissaire de police, prenaient les plus grandes précautions afin de n'être pas découverts, et étaient venus se joindre à un groupe d'autres proscrits dont le but était de préparer un attentat contre la vie de l'Empereur.

L'antagoniste de Monsieur Boitelle reçut tous ces détails avec une joie non dissimulée, et alla jusqu'à se faire présenter les deux proscrits auxquels il offrit des cigares et de l'argent.

Certain de l'exactitude de ces faits que le hasard avait fait découvrir au sieur Y, le chambellan ne recula devant rien pour suivre, pas à pas, les progrès de la conspiration si heureusement dévoilée.

Grâce aux plantureux repas qu'il leur faisait

faire, aux plaisirs de tous genres qu'il leur procurait, le sieur Y gagna rapidement la confiance de ses deux nouveaux amis. Il sut par eux que les conspirateurs allaient renouveler une tentative, dont les moyens étaient empruntés à l'attentat de la rue Saint-Nicaise et à celui de la machine infernale de Fieschi.

On devait, en effet, disposer sur un fiacre une caisse pleine de poudre ayant le volume et l'aspect d'un colis ordinaire.

Un des conjurés désigné par le sort pour accomplir la terrible mission occuperait l'intérieur de la voiture et, à l'aide d'une corde, provoquerait l'explosion de la machine au moment même du passage de l'Empereur sur la voie publique.

Monsieur de X*** était au courant des moindres incidents de la conspiration, il en tenait tous les fils, car le sieur Y lui remit le signe de reconnaissance des conjurés qui n'était autre chose qu'un portrait d'Orsini, fort difficile à se procurer alors, vu sa rareté.

Muni de toutes ces indications le chambellan recommanda à son agent de ne point perdre de vue, ne fut-ce qu'une seconde, ceux qui lui avaient livré si bénévolement leur secret, puis il courut aux Tuileries rendre compte à Napoléon III du danger imminent qui le menaçait.

Troublé par cette révélation inattendue, le souverain manda Monsieur Boitelle sur-le-champ.

Le Préfet de police déféra aussitôt à cet ordre. On devine l'accueil qui l'attendait au château.

L'Empereur reprocha en termes fort secs l'impéritie de la Préfecture de police et exprima son mécontentement d'une façon très vive.

Monsieur Boitelle ne se départit pas de son sang-froid habituel, il écouta avec le plus grand calme les reproches de Napoléon III puis, lorsqu'il lui fut permis de parler, il se contenta de dire :

— Sire, je n'ai qu'une seule chose à répondre. Que votre Majesté daigne prendre la peine d'arracher le papier recouvrant le verso de ce portrait d'Orsini. Elle verra la valeur de cette pièce à conviction.

Déchirant brusquement le papier, l'Empereur resta confondu en apercevant alors la signature de Monsieur Boitelle. Un franc et sonore éclat de rire salua cette découverte.

Le Préfet de police triomphant se retira dans les meilleurs termes avec le souverain.

Monsieur de X*** fut invité, sur un ton plein de

raillerie, à ne s'occuper désormais que des devoirs de sa charge. L'infortuné chambellan se le tint pour dit et fut guéri à tout jamais de l'envie de s'immiscer dans les affaires de la Préfecture.

Est-il besoin d'ajouter que les deux individus installés sous de faux noms à l'hôtel du Vertbois, et qui avaient si bien joué leur rôle, n'étaient que deux inspecteurs de police.

A l'intelligence naturelle de ces hommes étaient venus se joindre les conseils quotidiens de Monsieur Nusse, aussi, afin de récompenser l'habileté qu'ils montrèrent, furent-ils autorisés à garder l'argent que le chambellan avait donné sans compter pour obtenir révélations et portrait.

Cette leçon ayant profité à tout le monde, la rareté de la chose nous a paru digne d'être signalée.

VI.

M. Pietri, second préfet de police du nom, 24 février 1866 au 4 septembre 1870. — Le journaliste diplomate. — Son voyage à Urbs. — Une dépêche qui se trompe d'adresse. — M. Lagrange en fonctions. — Saisie des papiers. — Une révélation. — Détails sur le fameux complot d'Impératori, Grecco, Trabucco et Scaglioni. — Comment on fait une conspiration. — L'œil vigilant de la police impériale. — Comédie tragi-comique.

Ce fut principalement sous le préfectorat de Monsieur J. M. Pietri, second préfet de police du nom, que le rôle néfaste joué par le sieur Lagrange se fit sentir d'une façon si regrettable et influa certainement sur les destinées de l'empire.

Le successeur de Monsieur Boitelle était un homme d'une froideur excessive, d'une raideur plus voulue que naturelle et désireux avant tout de gagner la confiance de l'Empereur.

Au point de vue administratif il n'essaya même pas de rivaliser avec les bons souvenirs laissés par son frère ; il mit toute son ambition, toute son intelligence au service de l'intrigue et de la politique.

Il fut puissamment secondé dans cette tâche par son humble auxiliaire Lagrange. Celui-ci, d'origine plus que modeste, avait un caractère hardi, aventureux. Il se souciait fort peu des moyens à employer pour arriver à son but.

Monsieur Pietri le prenait de très haut avec tout son entourage. Il parlait peu, c'était un taciturne, un silencieux. Seul, le sieur Lagrange avait réussi à amadouer, à séduire le Préfet de police qui rappelait vraiment le spectre de Banco.

Remuant à l'excès, ingénieux, rusé, sans éducation ni scrupules, aimant la bonne chère, l'ancien affilié de la « Marianne » devint en quelque sorte l'âme damnée du Préfet de police, et franchit rapidement alors les échelons de sa carrière administrative.

Ce policier possédait maints tours dans son sac et avant de montrer la fatale influence qu'il exerça en matière de police provocatrice, nous allons d'abord rapporter un fait qui prouvera du moins l'intelligence de ce personnage.

L'histoire se passe en 186... et a pour principal héros un éminent journaliste, placé encore aujourd'hui à la tête d'un organe fort connu dans la presse parisienne.

Écrivain de race, polémiste ardent, ce nouveau Siméon Stylite qui, depuis trente ans, harangue les fidèles du haut des colonnes de son journal, est doué, hélas! d'un physique ne réflétant en rien les brillantes qualités intellectuelles dont ce maître est doué.

En voyant cet homme replet, aux allures essentiellement bourgeoises, on ne soupçonne guère qu'on a devant soi l'esprit élevé, le terrible athlète livrant depuis si longtemps le bon combat, et dont les rudes coups ont fait mordre la poussière à tant d'écrivains contemporains, ses adversaires.

Enfin, pour mieux faire ressortir le désaccord existant chez cet homme remarquable entre l'esprit et le corps, nous ajouterons que ce rhéteur, pour lequel la philosophie et la métaphysique n'ont plus de mystères, est fort naïf pour ce qui regarde les choses d'ici-bas.

Nous abriterons derrière la discrète et traditionnelle initiale de X***, la personnalité de celui qu'on va voir entrer en scène.

Donc, vers 186... Monsieur X*** fut suspecté d'entretenir des relations suivies avec un pouvoir établi à l'étranger et ayant un haut représentant à Paris.

On ne tarda pas à savoir que Monsieur X*** allait être chargé prochainement d'une mission secrète dont, à son retour, il devrait rendre compte au représentant du pouvoir en question.

Monsieur Lagrange reçut alors l'ordre de suivre les fils de cette intrigue.

La tâche était délicate, car il ne fallait éveiller aucune suspicion des personnages en jeu.

Monsieur Lagrange confia à un agent très habile la mission de surveiller étroitement et discrètement les moindres démarches de Monsieur X***.

Celui-ci ne se doutait en rien de l'attention dont il était l'objet, vivait dans une sécurité parfaite. Un beau matin, il quitta Paris sans bruit, franchit tranquillement la frontière et se rendit à... (Mettons le nom latin générique) Urbs.

Après un court séjour dans cette ville, Monsieur X*** voyageant toujours comme un simple touriste et ne prenant, — du moins en apparence, — aucune précaution particulière, revenait à Paris enchanté du succès de son voyage.

Descendu du train à une heure fort matinale, il traversa la gare déserte, sauta dans une voiture et se fit conduire directement à son domicile.

Au moment où il se disposait à goûter les douceurs d'un sommeil réparateur, deux messieurs, correctement vêtus, se présentaient chez son concierge et demandaient si Monsieur X*** était visible.

La réponse fut négative, cela va sans dire.

— C'est singulier, reprit alors l'un des visiteurs, j'ai quitté Monsieur X*** à la gare, il y a une demi-heure à peine, et il m'a donné rendez-vous ici.

Ces paroles, prononcées avec un ton plein d'assurance, produisirent l'effet attendu. Le concierge revint sur ce qu'il avait dit et laissa monter Monsieur Lagrange, qui venait assister Monsieur Demarquay, commissaire de police, porteur d'un mandat de perquisition et d'amener.

La rigoureuse exécution de ce mandat était subordonnée à des instructions verbales données par le Préfet de police.

Ce fut avec une grande courtoisie, mêlée d'un étonnement assez légitime, que Monsieur X*** reçut les mandataires de M. Pietri. Après avoir appris le but de leur visite, il s'empressa de mettre à la disposition de Monsieur Demarquay les clés de tous les meubles, pour que le magistrat put opérer une minutieuse perquisition.

La surprise de Monsieur X*** ne connut plus de bornes, lorsqu'il entendit le commissaire de police refuser les clés qui lui étaient offertes, et demander simplement au voyageur de vouloir bien remettre les papiers placés dans la poche de la valise, que les deux visiteurs désignèrent simultanément du doigt, et qui se trouvait près du lit.

Monsieur Lagrange, prenant la parole à son tour, relata les principaux incidents du voyage que venait de faire Monsieur X***.

Ce dernier écoutait atterré.

Comment la police avait-elle eu connaissance de la mission qu'il venait d'accomplir? Comment avait-on découvert aussi promptement l'endroit précis où étaient cachés les documents que le gouvernement de « Urbs » faisait parvenir autrement que par la voie diplomatique?

Ces questions traversèrent aussitôt l'esprit de Monsieur X*** et le troublèrent un instant.

Il se remit cependant assez vite, puis s'exécuta de bonne grâce. Sur l'invitation qui lui en fut faite ensuite, il suivit Messieurs Demarquay et Lagrange chez le Préfet de police.

Pendant tout le trajet une pensée unique obsédait le malheureux journaliste.

— Comment et pár qui ai-je pu être surveillé? se demandait-il.

Avant de donner au lecteur la réponse à cette question, il nous faut parler d'un autre fait piquant qui donnera la mesure des difficultés avec lesquelles on doit compter en police, alors même que l'on croit avoir tout prévu et s'être entouré des meilleures précautions.

L'agent chargé de filer Monsieur X*** et qui ne l'avait pas perdu de vue un seul instant dut, une fois arrivé à destination, s'aboucher avec un autre agent secret résidant à « Urbs. »

Celui-ci, placé au cœur de la place fut au courant de tous les détails relatifs à la mission de Monsieur X*** et en instruisit l'envoyé de M. Lagrange.

Au retour comme à l'aller, l'inspecteur de police prit le même train que le journaliste diplomate, mais arrivé à quelques lieues de Paris il descendit du wagon pour expédier à son chef une dépêche télégraphique annonçant l'heure d'arrivée et fournissant, dans un langage conventionnel, des explications sommaires sur la collaboration de l'agent secret resté à l'étranger.

Ce télégramme, compréhensible seulement pour ceux entre lesquels il était échangé contenait, outre le nom de Monsieur X***, celui de l'homme dont le concours occulte avait été si utile dans l'affaire.

Par une fatalité inexplicable cette dépêche, au lieu de parvenir à l'adresse de Monsieur Lagrange, fut envoyée à celle de Monsieur X***. Le faux destinataire la trouva à son domicile, mais n'en comprenant pas la teneur, il crut à une erreur et n'y porta, tout d'abord, aucune attention.

L'expéditeur du télégramme fut étrangement surpris de ne pas trouver Monsieur Lagrange à la gare, car il avait été convenu que M. X*** serait arrêté à la descente du train.

Craignant avec juste raison, qu'il se fut produit quelque incident fâcheux, l'agent courut prévenir son chef et ce fut alors que celui-ci, de concert avec Monsieur Demarquay, procéda comme on l'a vu plus haut.

A force de chercher à comprendre comment il avait pu être découvert, Monsieur X*** se souvint de la dépêche énigmatique qu'il avait trouvée à son arrivée, le nom qui y figurait et qu'il connaissait bien, le frappa, aussi croyant tenir l'explication du rébus policier, il s'empressa de dire victorieusement à Monsieur Lagrange que la police n'avait pas grand mérite à être aussi exactement renseignée sur ses faits et gestes, car il ne pouvait plus douter d'avoir été trahi par l'individu si malencontreusement désigné dans le télégramme.

Sous peine de compromettre à tout jamais l'agent secret suspecté, il fallait détruire les soupçons de Monsieur X***. M. Lagrange fit aussitôt preuve d'une grande présence d'esprit et d'une réelle habileté.

— Voyons, dit-il, à son interlocuteur, si je vous montrais l'homme qui vous a surveillé depuis votre départ de Paris jusqu'à votre retour, croiriez-vous que vos soupçons ne sont nullement fondés en ce qui concerne la personne dont vous venez de me citer le nom.

— Ah! je vous en défie bien, exclama M. X***.

L'épreuve devait être décisive et immédiate.

M. Lagrange sonna, la porte s'ouvrit.

— Faites venir B***, dit-il rapidement.

Deux minutes après l'inspecteur de police parut.

Monsieur X*** reconnut immédiatement son compagnon de route, se levant alors tout d'une pièce, il s'élança vers le nouvel arrivant et s'écria avec une naïveté légèrement prudhommesque :

— Mais, ce n'est pas possible, pendant tout le cours de notre voyage, je vous ai vu faire des affaires, vous m'avez même vendu du vin.

— Et, je suis tout prêt à vous le livrer, répliqua imperturbablement l'agent.

M. X*** confondu se retira ajoutant comme conclusion.

— Avec une police faite comme cela, il ne faut pas songer à conspirer. . . . .
. . . .

Quant aux documents saisis, ils furent remis un peu plus tard à leur éminent destinataire. Ce dernier trouva, paraît-il, que certains cachets n'avaient peut-être pas été suffisamment respectés. On lui fit observer que pendant le trajet de légères avaries avaient pu se produire et... il n'insista pas.

Abordons maintenant la seconde anecdote que nous avons promise. Elle montrera Monsieur Lagrange dans le rôle militant et occulte qu'il a joué à propos de la fameuse conspiration Impératori, Trabucco, Grecco et Scaglioni.

Cette histoire ne sera ni moins intéressante, ni moins probante que la précédente, elle aura de plus l'incontestable avantage de faire ressortir tout l'odieux et tout le danger de cette arme dont l'Empire se servit si fréquemment et que l'on nomme la police provocatrice

En 1863, il y avait déjà longtemps qu'aucun événement politique n'était venu agiter ni émouvoir l'opinion publique. Fidèle à ses traditions, la police de cette époque jugea le moment opportun de faire surgir un nouveau complot rappelant de loin celui du 14 janvier 1858.

Comme dans tout drame, bon ou mauvais, le « deus ex machina » devait au dénouement découvrir les traîtres, sauver la vie du souverain, sauver le pays, tous deux menacés par la révolution.

Ces futurs sauveurs de l'Empire et de l'aigle impérial espéraient sans doute passer à la postérité tout comme les oies du Capitole. Mais pour que ce complot parût être un vrai complot, un complot sérieux, il était de toute nécessité qu'il fut organisé par des Italiens et surtout que le nom de Mazzini y fut mêlé.

La chose était facile ainsi qu'on va le voir.

Monsieur Lagrange entra alors personnellement en relations avec le nommé Grecco, celui-ci, à son tour, s'aboucha avec le fameux Trabucco, qui n'avait de dangereux que son cor d'harmonie sur lequel il avait la prétention d'égaler Vivier, puis Impératori et Scaglioni vinrent s'adjoindre aux deux premiers.

Ce singulier quatuor exécuta alors ce thème de la conspiration avec toutes les variations de rigueur : acquisition d'armes de différentes natures, (on prétendit même qu'il y en avait d'empoisonnées), allures mystérieuses, explorations autour de la personne du souverain, le tout pour aboutir à ce procès qui aurait dû emprunter son nom à la comédie de Sheakspeare.

« Much addo for nothing. »

« Beaucoup de bruit pour rien. »

S'il n'avait pas été surabondamment démontré à l'auteur de ces lignes que Grecco avait joué dans cette affaire le rôle d'un agent provocateur, l'examen des faits suffirait à convaincre les esprits les moins clairvoyants.

En effet que se passa-t-il ?

Le 25 décembre 1863, à deux heures du matin, les conjurés arrivaient à Paris venant de Lucerne.

Presque aussitôt on signale la présence de quatre Italiens dangereux. La brigade de Monsieur Lagrange se met immédiatement en campagne. Alors commence cette farce de gens se rendant chaque jour aux abords des Tuileries, étudiant ou affectant d'étudier les démarches et les habitudes de Napoléon III, se réunissant mystérieusement dans des endroits différents et enfin, « lorsque le péril est devenu imminent, » des mandats de perquisition sont lancés et les conspirateurs sont arrêtés le 4 janvier 1864, c'est-à-dire une semaine après leur arrivée à Paris.

Ici, l'action se corse.

Les prisonniers enfermés à Mazas résistent pendant deux jours aux interrogatoires les plus habiles et les plus multiples.

On désespère « de ne rien savoir, » lorsque tout à coup Monsieur Lagrange a une inspiration, qui, pour être ingénieuse, a le tort de retarder de quarante-huit heures. Il fait découdre le pantalon de Grecco et dans la ceinture de ce vêtement on trouve quoi?

Une lettre!

Oui, une lettre, une lettre de Mazzini ne laissant

aucun doute sur les projets criminels de ce conspirateur émérite et de ses complices.

C'était miraculeux!

Mais remarquez que Monsieur Lagrange qui, comme le Tout-Puissant, savait si bien scruter les cœurs et les reins, n'avait pas eu cette idée au moment même de l'incarcération des quatre conjurés.

Non, il n'avait pas songé à faire découdre les vêtements de Trabucco, d'Impératori et de Scaglioni. C'est au pantalon de Grecco que va son regard investigateur, c'est là qu'il découvre la pièce révélatrice dont rien n'avait dénoté l'existence aux magistrats qui, depuis deux jours, interrogeaient les prisonniers.

Cette habileté n'est-elle pas étonnante? Qu'en pensez-vous, cher lecteur?

La lettre trouvée, on avoua tout : les projets d'attentat, le rôle instigateur de Mazzini, l'achat des armes, etc., etc.

Or, dans toute cette triste affaire il y eut en réalité deux dupes peut-être même trois, mais Trabucco que nous avons revu depuis cette époque ne nous semble pas avoir été la dupe de Grecco; il avait flairé le jeu de celui-ci et se laissait simplement faire.

Impératori et Scaglioni furent les deux naïfs. Le premier, à l'instigation de Grecco s'était mis en relations avec Mazzini. Il avait obtenu la lettre qui, sans qu'il s'en doutât, devait servir de base sérieuse à une poursuite judiciaire.

Le second était un personnage insignifiant, certes bien choisi pour jouer à son insu, le rôle de comparse qui lui avait été dévolu.

Grecco, condamné à la déportation perpétuelle, se retira en Amérique où une pension de six mille francs lui fut payée par l'entremise de la maison de Rothschild. Il semble avoir voyagé depuis lors et ne s'être fixé nulle part, cependant vers 1872 ou 1873, il revint à Paris et chercha à utiliser ses anciennes aptitudes. Ses services ne furent pas agréés, on le menaça même de l'expulser, s'il ne quittait pas promptement le territoire français.

Il comprit alors que les destins et les hommes sont changeants et... disparut.

Trabucco avait été interné à Belle-Isle. Pendant la guerre franco-allemande, l'homme au cor d'harmonie servit dans l'armée des Vosges en qualité de capitaine, sous les ordres de Garibaldi, et assista à la bataille de Dijon.

Impératori et Scaglioni, détenus dans la maison centrale de Clermont furent reconduits à la frontière italienne en 1870. Le premier retourna à Lugano et reprit sa profession de libraire, quant au second il mourut à Chambéry l'année suivante.

Afin d'édifier plus pleinement encore le lecteur sur la valeur de cette conspiration, qui coûta sept années de détention aux malheureuses dupes de Grecco, nous allons résumer ici les déclarations de Trabucco :

« Après la bataille d'Aspromonte, où je combattis
« comme capitaine sous les ordres du Grand Gari-
« baldi, je me rendis à Naples et donnai un concert
« au Théâtre-Royal, puis je partis pour Gênes dans
« le courant de novembre 1863. Un jour, dans un café
« de cette dernière ville, un étranger s'approcha de
« moi, me félicitant sur mon talent d'instrumentiste.
« Cet homme n'était autre que Grecco.

— « Capitaine, me dit-il, venez donc dîner avec
« moi.

« Après le dîner il m'emmena dans un hôtel et
« m'y fit prendre une chambre. Grecco était bien fait
« de cœur et de corps, il avait des louis d'or, je l'aurais
« suivi par tout. »

Voilà comment se fit leur connaissance. Voyons

maintenant comment naquit la terrible conspiration.

« Un soir, continue Trabucco, après une semaine
« de vie commune et opulente, Grecco me fit entrer
« dans sa chambre. Sur une table, entre deux bougies
« allumées, il y avait un Christ et deux revolvers
« croisés.

— « Êtes-vous fidèle, me demanda-t-il? Jurez-vous
« de ne révéler à personne le secret que je vais vous
« confier?

« Je jurai par trois fois et, par trois fois, nous
« nous embrassâmes.

« Il me montra alors une bombe et m'apprit que
« nous irions à Paris pour tuer Napoléon qui était un
« obstacle à l'unification italienne. Il me fit ensuite
« couper ma barbe, me recommandant d'affecter à
« l'avenir de ne pas le connaître. Il était alors pos-
« sesseur d'une somme d'au moins 20 mille francs. »

Le pacte était signé.

On se dirigea sur Milan. Trabucco était descendu
dans un hôtel, sous un faux nom et avait emporté une
malle fermée à clef dont il ne devait jamais se séparer.

« *La clef restait entre les mains de Grecco.* »

Ce fut à Lugano qu'eut lieu la présentation de
Scaglioni et d'Impératori avec Trabucco, ces deux

derniers avaient servi ensemble, en 1859, dans les chasseurs des Apennins.

Enfin le 21 décembre 1863, Grecco convoqua les trois conjurés dans sa chambre et remit à chacun d'eux un petit sac qu'ils mirent en bandoulière, puis la fameuse malle fut ouverte. Ils y prirent les uns et les autres un revolver, un poignard et deux bombes que l'on plaça dans le petit sac, distribué, à cet effet, quelques instants auparavant.

Ces préparatifs terminés, on se mit en route pour Paris où nos quatre Italiens arrivèrent le 25 décembre, et descendirent à l'hôtel Sainte-Marie, rue de Rivoli, à l'angle de la rue de l'Arbre-Sec.

Le soir même, pour se disposer à l'horrible entreprise qu'ils allaient tenter, ils firent tous quatre un repas succulent et se rendirent au Casino-Cadet.

Le lendemain Impératori et Trabucco sortirent ensemble. Se croyant suivis, ils sautèrent immédiatement dans une voiture, mais quelques instants après, en regardant par le carreau placé au fond du véhicule qu'ils occupaient, ils aperçurent les deux individus qui avaient éveillé leur attention installés également dans une voiture et suivant leur fiacre.

Ils rentrèrent précipitamment à l'hôtel Sainte-

Marie et prévinrent Grecco. Celui-ci tenta de les désabuser ou de les rassurer.

— « Ce n'est pas la police française qui vous
« observe ainsi, leur dit-il, mais ce sont les chefs de
« notre complot qui résident à Paris et qui, ayant
« fait des avances de fonds, tiennent à s'assurer par
« eux-mêmes de nos pas et de nos démarches.

« Ces explications, déclara Trabucco, ne nous
« convainquirent qu'à moitié. Le lendemain, le même
« fait s'étant reproduit, nous fîmes à Grecco de
« nouvelles observations auxquelles il répondit encore
« par les arguments de la veille. Cependant, afin de
« nous rassurer, il nous fit quitter l'hôtel Sainte-Marie
« et vint s'installer avec nous, rue Saint-Honoré à
« l'hôtel de Naples, où nous occupâmes quatre cham-
« bres.

« Grecco ne nous donnait jamais que l'argent néces-
« saire à notre subsistance journalière. Si nous
« avions eu des ressources, nous l'aurions alors
« certainement abandonné. »

On peut voir que la haine des conspirateurs contre Napoléon III n'était pas profondément enracinée chez eux et que l'unification de leurs dettes les tenait bien plus au cœur que l'unification Italienne.

Enfin abrégeons et arrivons au dénouement.

Le 2 janvier 1864, Grecco convoque ses séïdes dans sa chambre.

— C'est pour demain, leur dit-il, allez chercher vos bombes, nous allons les préparer!

— « Nous les chargeâmes en effet séance tenante, « a raconté Trabucco, mais il y manquait des capsu-
« les. Nous les rapportâmes ensuite dans nos cham-
« bres. Cela me donnait à réfléchir, ainsi qu'à mes
« deux autres compagnons qui s'adressèrent alors
« à un riche financier, afin d'obtenir de lui un secours
« pour fuir immédiatement. Mais l'argent ne vint pas.
« Pour moi, je plaçai mon arsenal dans une petite boîte
« en bois blanc que j'avais achetée et j'écrivis sur le
« couvercle l'adresse suivante :

M. Schmitt, Leicester Square, London.

« Je pensais ainsi me mettre à l'abri de perquisi-
« tions éventuelles.

« Le 3 janvier, vers 6 heures du soir, nous allâmes
« nous promener rue Le Pelletier. Les gardes à che-
« val commençaient déjà à arriver, on éclairait la
« façade de l'Opéra où Napoléon devait venir. C'était
« là que nous pensions opérer. Nous revînmes à
« l'hôtel de la rue Saint-Honoré, puis Impératori et

« Scaglioni se rendirent chez un liquoriste établi en
« face. Quelques instants après on les y arrêtait,
« tandis que l'on s'emparait de Grecco qui était dans
« le bureau de l'hôtel. Quant à moi, je fus saisi
« sous la porte cochère, au moment où j'allumais
« un cigare.

« On me conduisit dans ma chambre et l'on brisa
« devant moi la serrure de la petite caisse de bois
« blanc contenant mon maudit arsenal. Ce fut alors
« que je m'écriai :

— « Eh bien, oui! je voulais tuer Napoléon III pour
« sauver l'unification Italienne et venger le sang
« généreux de Garibaldi d'Aspromonte. » (*Sic.*)

Il ne nous reste plus que quelques lignes à ajouter.

Après le 4 septembre 1870, Grecco caché à Paris sous le nom de comte de Rubotti fut arrêté et amené devant Monsieur de Kératry. Il reconnut « *par écrit* » sa connivence avec Monsieur Lagrange.

Le document suivant en fournit la preuve et servira d'épilogue à cette histoire tragi-comique.

EXTRAIT DE LA DÉPOSITION DE M. KÉRATRY DANS L'ENQUÊTE SUR LE 4 SEPTEMBRE.

« La Préfecture de Police Impériale, grâce aux exé-
« crables agissements du vrai lieutenant de Mon-
« sieur Pietri, le commissaire Lagrange, que vous
« pouvez et devez interroger, était devenue une véri-
« table officine de complots et de mouvements simu-
« lés destinés à réconforter le régime Impérial à
« certaines heures par l'évocation du spectre rouge.
« Il importe aussi de savoir quels moyens, quels
« effets on a tirés du jeu de l'Internationale. L'enquête
« que j'ai fait poursuivre et que je vous livre établira
« comme vous le verrez, (je cite les mots du texte)
« que, sauf le complot d'Orsini, toutes les affaires
« séditieuses des dix dernières années ont été machi-
« nées par la police occulte et que, sans l'interven-
« tion de celle-ci, elles n'auraient point produit
« d'éclat. »

Avant de parler de l'affaire du procès de Blois et
de démontrer à nouveau la participation de la police

dans ce complot, dont nous voulons mettre l'organisation en lumière, nous allons laisser la politique de côté et faire incursion sur un autre domaine trop ignoré du public.

VII

Des divers procédés de chantage. — Histoire d'un entrepreneur et d'un ouvrier. — Le maître chanteur par amour. — Menaces sous conditions adressées à M. Gambetta.

Dans les quelques lignes de préambule placées en tête de ces récits, nous avons dit que le rôle de la Préfecture de police le moins connu et l'un des plus utiles, consistait à rendre de fréquents et discrets services aux familles ou aux particuliers.

Voici généralement dans quelles circonstances se produit cette intervention administrative.

Il arrive que des gens fort bien posés, victimes d'un entraînement passager, d'une heure d'oubli, se voient fréquemment à la merci d'audacieux chevaliers d'industrie et de coquins impudents.

Les affaires de cette nature se ressemblent toutes. Il y a toujours un dupeur sans vergogne et une dupe redoutant le bruit, le scandale.

On comprend que nous voulons parler de cette horrible plaie qu'on nomme le chantage.

Le chantage aujourd'hui est un Protée moderne, revêtant les formes les plus variées et se glissant dans tous les mondes.

Le bohème sans talent, sans moralité, s'embusque derrière une feuille de chou pour faire chanter ceux qui ne veulent pas passer sous ses fourches caudines.

Le monde financier les connaît bien ces « *condottiere* » qui, soi-disant au nom de la morale, cherchent à rançonner les établissements de crédit et les entreprises industrielles.

Maîtres chanteurs également ces gens véreux, brasseurs d'affaires qui exploitent les faiblesses des mineurs, les passions des adultes, pour leur faire signer des valeurs dont le naïf souscripteur ne touche pas le dixième et parfois même le vingtième du montant.

Il n'y a pas jusqu'à celles qu'on appelle aujourd'hui des belles petites qui ne soient de terribles maîtresses chanteuses.

Que ne peut-on raconter les scandaleux chantages organisés par ces reines de la galanterie.

Jadis, Laubardemont prétendait qu'avec trois lignes de l'écriture d'un homme, il se chargeait de faire pendre celui-ci.

De nos jours, hélas! avec trois mots, un simple nom, nous connaissons des femmes qui ont fait pis ou mieux, comme vous voudrez. Une simple indiscrétion leur suffit pour obtenir une inscription au grand-livre ; elles ont le génie de l'exploitation de toutes les plus petites faiblesses humaines.

Les victimes de ces odieuses machinations n'osent pas se plaindre et se voient menacées dans leur honneur, dans leur fortune, jusqu'au moment où les familles éplorées viennent à la Préfecture de police révéler toute l'étendue du mal et demander protection.

C'est à l'administration qu'on s'adresse et non à la justice.

Pourquoi?

Par cette raison toute simple qu'on préfère cacher ses plaies plutôt que de les montrer publiquement.

Dans la quantité des affaires de ce genre qu'il nous a été donné de suivre ou de connaître, nous en choisirons trois qui montreront les divers procédés du chantage.

Il va sans dire que nous ne saurions nous occuper de cette classe inavouable d'individus que leurs vices abjects exposent plus particulièrement à des désagréments... mérités.

Le dénouement de l'histoire suivante offre un caractère d'une originalité exceptionnelle, c'est ce qui nous détermine à commencer par elle.

Un riche entrepreneur de construction avait fortuitement rencontré, dans le voisinage de l'un de ses chantiers, une fillette de seize à dix-huit ans, commune de tenue, de langage, d'allures, mais assez jolie cependant pour inspirer à notre homme le désir de rechercher les faveurs de cette digne sœur de « Nana. »

La fillette prêta une oreille aussi favorable qu'aguerrie aux propositions de l'entreprenant entrepreneur.

Celui-ci ne pouvait conduire sa conquête chez lui, il ne pouvait davantage se rendre au domicile de cette dernière, — et pour cause, — la malheureuse n'en avait pas !

D'un autre côté, il fallait renoncer à se présenter dans

un établissement public, car la mise plus que négligée de l'ouvrière eut fait par trop remarquer le couple irrégulier.

L'entrepreneur, très embarrassé, conduisit alors sa compagne dans le bureau de l'un de ses chantiers. Mais, malgré le soin qu'il prit pour dissimuler la présence de son étrange cliente, un ouvrier s'aperçut de la bonne fortune de son patron.

On va voir comment cet homme tira parti de sa découverte.

Depuis longtemps, l'entrepreneur avait oublié le facile succès qu'il avait remporté, lorsqu'un matin, il reçut la visite de l'ouvrier dont nous venons de parler, et qui avait quitté volontairement le chantier quelques jours après la scène rapportée ci-dessus.

Prenant des précautions oratoires d'une discrétion exagérée, notre ouvrier apprit timidement à son ancien patron qu'il était le propre frère de la jeune fille « mineure que Monsieur X... avait attiré tel jour, à telle heure » dans son bureau.

Puis il ajouta avec tristesse que sa pauvre petite sœur semblait devoir garder un souvenir vivant de cette rencontre.

Monsieur X... accueillit cette déclaration avec une

certaine défiance, mais peu à peu les détails qu'on lui donnait étaient si précis qu'il se sentit ébranlé. Du reste, on faisait seulement appel à sa générosité pour aider la petite et ses parents à sortir d'un embarras passager. Enfin, le pauvre don Juan se laissa aller à donner quelque argent.

Trois semaines après, nouvelle visite du brave ouvrier. Cette fois, il n'y avait plus a en douter, la pauvre sœur était enceinte !

Elle avait dû cesser tout travail et tombait, dès lors, à la charge des vieux parents ; on était fort triste, fort gêné, etc., etc.

Nouvelle demande, nouveau secours.

Dès lors les visites se répétèrent chaque mois avec une ponctualité désespérante. On ne sollicitait plus timidement, on demandait alors avec un air menaçant et sur un ton comminatoire, si bien que le frère dévoué parvint ainsi à se faire remettre une somme de cinq ou six mille francs.

Monsieur X... eut donné beaucoup plus pour que son incartade restât ignorée de sa famille et, malgré les pressantes invitations qui lui étaient adressées, il se garda prudemment d'aller voir la petite et les bons parents d'icelle.

Au bout des neuf mois réglementaires, on lui apprit l'accouchement. Il avait été très laborieux. « Elle avait beaucoup souffert et les complications qui venaient de se produire faisaient craindre, hélas ! pour l'avenir de la pauvre enfant. Elle se voyait menacée de ne plus pouvoir travailler désormais. »

Qu'allait devenir la famille avec un bébé à élever ? Et puis, le papa et la maman étaient très âgés, ils étaient si éprouvés par le chagrin que leur causait la faute de leur fille, qu'à leur tour, il leur fallait de grands soins.

Tant de misère, tant de désespoir attendrirent encore Monsieur X..., mais cette fois il voulut en finir pour toujours. Il remit une nouvelle somme de six mille francs, sous la condition expresse que toute la famille se retirerait en Allemagne.

On accepta et on promit ce qu'il demandait.

Le malheureux entrepreneur se croyait enfin débarrassé de toutes les obsessions et toutes les exigences qui lui faisaient payer si chèrement la satisfaction d'un caprice des plus fugitifs.

Il se trompait.

Son ancien ouvrier ne tarda pas à revenir à la

charge et se montra aussi arrogant, aussi exigeant que par le passé.

Sérieusement effrayé, Monsieur X... s'adressa à ce moment à l'un de ses amis, fonctionnaire de la Préfecture de police, et lui confia ce qu'il n'avait jamais osé lui avouer.

D'habiles investigations et une surveillance exercée sur le frère dévoué ne tardèrent pas à amener le résultat suivant :

On apprit d'abord que l'ouvrier n'avait ni sœur, ni maîtresse.

Puis on sut que la fille, subjuguée si facilement par Monsieur X... continuait à se laisser subjuguer chaque jour, non moins facilement, et, chose singulière, on acquit la certitude qu'elle était restée tout à fait étrangère aux manœuvres dont l'entrepreneur avait été victime.

Elle avait même totalement oublié son tête-à-tête dans le bureau du chantier.

Celle dont la mémoire et le cœur étaient si peu fidèles se souvint pourtant d'une façon vague d'avoir eu des relations intimes avec l'ouvrier, mais ces rapports avec ce dernier avaient cessé longtemps avant la rencontre de M. X...

Le digne tâcheron avait donc conçu et exécuté seul ce curieux chantage.

Une basse curiosité lui permit de surprendre ce qui se passa dans le bureau entre son ancienne maîtresse et son patron. Il confia à ses honorables parents le secret qu'il avait surpris et ceux-ci l'aidèrent de leurs conseils dans l'exploitation du dit secret.

Le fils poussa encore plus loin le respect et l'amour filial, il offrit aux auteurs de ses jours le fruit de l'opération qu'ils avaient si habilement dirigée, et cette honnête famille se disposait à jouir en paix des douze mille francs extorqués à Monsieur X... lorsque la vérité fut découverte.

Il arriva alors ce qui se produit neuf fois sur dix. L'entrepreneur redoutant le scandale de poursuites refusa de porter plainte. Un procès eut porté atteinte à sa considération ; sa femme, ses enfants, auraient tout appris, Monsieur X... préféra donc se taire et laisser son ancien ouvrier bénéficier de sa canaillerie. L'intervention de la Préfecture de police suffit pour délivrer à tout jamais l'entrepreneur des obsessions de celui qui aurait pu l'exploiter longtemps encore.

Le second exemple de chantage que nous allons raconter est assez rare, il est vrai, mais il est beaucoup plus dangereux, car il offre presque toujours des conséquences terribles, fort difficiles à conjurer.

Ici, l'argent n'est pas en jeu, c'est la vengeance, le dépit qui servent de mobile et ce sont l'honneur, la vie d'une femme, et le bonheur d'une famille qui se trouvent menacés.

Dans ce cas, le chantage repose généralement sur des lettres compromettant leur signataire.

Ce genre d'affaires offre un caractère particulièrement odieux. On va en juger par l'anecdote suivante, choisie entre cent de même nature.

Au moment de la guerre franco-allemande de 1870-1871, un jeune homme bien né, d'origine étrangère, s'engagea au service de sa seconde patrie et fut blessé grièvement dans l'un des combats livrés par l'armée de la Loire.

Le jeune garde mobile avait l'épaulette de sous-lieutenant quand il reçut une balle en pleine poitrine.

Après avoir été soigné dans les ambulances, il partit pour les Pyrénées. On comptait sur la douceur du climat pour hâter sa guérison. La distinction de cet officier, son physique agréable, sa jeunesse, sa belle conduite lui concilièrent rapidement les sympathies d'une famille parisienne, qui avait fui les rigueurs du siége de la capitale.

Cette famille se composait d'une dame veuve, de sa charmante fille, âgée de dix-sept ans, et de plusieurs domestiques.

Il est aisé de prévoir ce qui arriva.

Touché des soins délicats dont il était l'obet, captivé par les charmes et les qualités de la jeune fille, notre malade sentit l'amour et la reconnaissance se glisser peu à peu dans son cœur.

De son côté, la blonde enfant partagea bientôt le doux sentiment qu'elle avait inspiré et une correspondance s'engagea entre les deux jeunes gens.

Le roman ébauché à l'insu de la mère suivit ses phases naturelles, lorsque « l'Officiel » annonça un beau jour la nomination de Monsieur X... au grade de chevalier de la Légion d'honneur en récompense de sa belle conduite pendant la guerre.

Cette nouvelle fut accueillie par les deux femmes et l'intéressé comme une vraie joie de famille. Le convalescent allait de mieux en mieux. A ce moment des affaires d'intérêt réclamèrent brusquement à Paris la présence des amies de notre intéressant blessé.

Il allait falloir se séparer.

Le cœur de la malheureuse jeune fille se serrait à cette pensée, aussi l'imprudente enfant crut-elle devoir redoubler de tendresse envers son bien-aimé. Celui-ci songea alors à faire une adroite tentative auprès de la mère. Il lui laissa discrètement à entendre qu'il serait le plus heureux des hommes s'il pouvait se faire agréer par elle en qualité de gendre.

Le nouveau chevalier de la Légion d'honneur était orphelin, il n'avait qu'un frère brave soldat qui ne possédait, hélas ! pas plus de ressources que lui-même, les derniers vestiges de leur fortune commune ayant été récemment engloutis dans une crise financière.

La mère de famille écouta ces ouvertures avec un bienveillant intérêt, elle se montra flattée de la demande du jeune homme, etc., etc., mais en femme prévoyante, elle hâta son départ comptant bien sur le temps pour effacer, chez les deux jeunes gens, le souvenir de leur passion naissante.

Quelques mois se passèrent. Un matin notre ex-officier débarquait à Paris, après un assez long séjour qu'il venait de faire dans la capitale de l'Égypte.

Pendant son absence il avait reçu de la jeune fille

une petite lettre, une seule, dont le contenu démontrait, hélas ! la justesse du proverbe qui dit :

« Loin des yeux, loin du cœur. »

Notre Roméo s'empressa de se mettre à la recherche de sa Juliette et se présenta au domicile de celle qu'il espérait bientôt appeler sa belle-mère.

Le concierge, — cet être décevant de la vie Parisienne, — lui apprit que Madame *** n'habitait plus la maison depuis le récent mariage de sa fille.

Juliette était mariée ! O ingratitude, ô fragilité féminine !

Revenez donc du pays des Sphinx et des Pharaons pour voir se dresser devant vous une énigme aussi indéchiffrable ?

Les rêves dorés de notre amoureux s'écroulèrent dans cet instant ; la dot, la jeune fille, tout était perdu pour lui.

Le cœur des hommes, comme celui des femmes, ayant des abîmes insondables, nous ne saurions affirmer quant à présent, si la perte de la dot lui fut plus sensible que celle de la jeune mariée.

Le lecteur jugera par la suite ce qu'il en était exactement.

Obtenir la nouvelle adresse de Madame *** fut facile, courir chez elle, faire passer sa carte, se voir refuser la porte, tout cela ne demanda à notre homme qu'une demi-heure à peine.

Plusieurs tentatives semblables, répétées à de courts intervalles, obtinrent le même résultat. Le poétique blessé de l'armée de la Loire était réellement éconduit.

Il se doutait « in petto » des raisons qui avaient pu motiver une rupture aussi catégorique.

Ne pouvant rien auprès de la mère, il songea alors à se tourner du côté de la fille.

Celle-ci avait épousé un fort galant homme, très-épris d'elle et dont elle partageait la sincère et vive affection.

L'ex-officier chercha donc à se rapprocher de son infidèle, il épia les heures où elle avait l'habitude de sortir, se plaça fréquemment sur son passage, mais la jeune femme était toujours accompagnée de son mari et il fallait renoncer à lui parler.

Afin de tourner cet obstacle, notre homme eut recours à un expédient beaucoup plus pratique qu'honnorable.

Il écrivit une lettre anonyme demandant un dernier rendez-vous à celle qui l'avait aimé.

Il n'obtint, — cela va sans dire, — aucune réponse.

Il ne se décougea pas pour si peu et le système des obsessions continua.

Épîtres menaçantes, poursuites dans les rues, dans les églises, rien ne put ébranler la fidélité jurée par l'épouse à son mari.

Cette résistance imprévue exaspérait notre triste sire et ne fit que le confirmer dans ses ignobles projets de chantage.

Voici donc ce qu'il fit :

Un beau matin, la malheureuse jeune femme reçut de son impitoyable persécuteur un billet lui enjoignant d'avoir à venir chercher elle-même, « tel jour, à telle heure, » les lettres qu'elle avait échangées avant son mariage, sous peine de les voir adresser à son mari.

Cette correspondance était compromettante. On juge de l'effet que produisit cette menace sur la jeune mariée.

On concevra encore mieux ses craintes lorsque nous aurons dit qu'elle adorait son mari et qu'elle en était adorée. De plus l'homme dont elle avait l'honneur de porter le nom était jaloux, emporté et avait eu déjà plusieurs duels.

La pauvre femme voyait son bonheur, son avenir

brisés. Folle de douleur, incapable de se défendre elle-même, elle courut chez sa mère pour lui raconter en sanglotant ce qu'elle lui avait caché jusqu'alors.

Madame X*** ne put croire à tant de lâcheté, à tant de bassesse de la part de celui qu'elle avait accueilli, hébergé. Elle se refusait à admettre qu'un homme, décoré de la légion d'honneur, fût capable d'une action aussi ignominieuse.

Pourtant la lettre fatale était là sous ses yeux, il lui fallut bien se rendre à l'évidence.

Ce que la fille ne pouvait faire, la mère devait le tenter. Elle allait se rendre immédiatement au rendez-vous indiqué à son enfant, quand elle réfléchit que si malheureusement elle échouait dans sa démarche, tout serait remis en cause et précipiterait peut-être la catastrophe redoutée? Que devenir? A qui s'adresser? se demandaient anxieusement les deux femmes.

Madame X*** eut alors l'heureuse inspiration de recourir à l'intervention de la Préfecture de police.

Elle exposa au chef de la première division la douloureuse situation de sa fille, lui remit le dernier billet que celle-ci avait reçu, bref, lorsque la pauvre mère quitta le cabinet du haut fonctionnaire, elle était rassérénée et fit partager sa confiance à celle qui deux fois lui devait la vie.

Quarante-huit heures après, un jeune homme au teint frais, rosé, au visage presque imberbe, portant élégamment des vêtements du meilleur goût, se présentait à nous muni d'un mot d'introduction de l'un de nos amis communs.

L'impression que je ressentis à la vue de ce gentleman décoré fut des plus favorables. Sa physionomie franche, ouverte, était bien faite pour inspirer immédiatement la sympathie.

Je lui demandai donc ce qu'il attendait de moi.

— Mon Dieu, monsieur, répondit-il avec beaucoup d'aisance, j'ai reçu hier un avis du chef de la première division de la Préfecture de police, m'invitant à me présenter sans retard à son cabinet pour affaire qui me concerne. Je ne connais nullement ce fonctionnaire et notre ami Ch*** m'a fait espérer que vous voudriez bien me présenter et me guider dans votre administration.

La demande n'avait en somme rien que de naturel.

Désireux d'être agréable à mon vieux camarade Ch***, je m'empressai de conduire moi-même mon visiteur auprès de Monsieur Lecour, qui remplissait alors les délicates fonctions de chef de la première division.

Chemin faisant, mon jeune homme me déclara qu'il ne s'expliquait pas le motif de la convocation qu'on lui avait envoyée; cependant, ajouta-t-il d'un air à la fois plein de suffisance et de modestie, je pense qu'il s'agit d'affaire de femme.

Le quidam était assez joli garçon pour que je m'en doutasse un peu. Je ne voulus pas provoquer ses confidences; du reste, nous étions arrivés.

J'entrai tout droit chez M. Lecour et le prévins en deux mots de l'objet de ma visite.

— Ah! vous connaissez le monsieur que vous m'amenez, me répondit-il, sur un petit ton sarcastique qui lui était familier, eh bien, mon cher, assistez donc, je vous prie, à notre entretien, vous n'y perdrez rien, au contraire.

Ces paroles étaient à peine prononcées qu'il sonnait un garçon de bureau pour introduire la personne que j'avais accompagné et qui attendait dans l'antichambre.

Le visage du chef de division était ordinairement plein d'une fine et narquoise bonhomie, il prit alors une expression de sévérité caractérisque.

Le corps renversé sur le dossier de son fauteuil,

la tête haute, il fixa le jeune homme à son entrée et lui adressa sèchement ces simples mots :

— Ah ! c'est vous qui êtes M. X*** ?

Il est impossible de mettre plus de mépris qu'il en mit dans ces quelques paroles.

Je devinai aussitôt quelle allait être la nature de l'entretien.

A ce début, le personnage que l'on a déjà reconnu perdit toute son assurance, balbutia et attendit silencieusement.

M. Lecour chercha des papiers placés sur son bureau.

— Ainsi, Monsieur, poursuivit-il, c'est vous qui avez la lâcheté de menacer une femme et d'agir avec elle comme le dernier des misérables.

Après cet exorde arriva l'exposition des faits connus du lecteur.

La voix de M. Lecour devenait de plus en plus vibrante, ses yeux bleus lançaient des regards perçants et brillants ainsi que des lames d'acier.

Son indignation contenue d'abord éclatait en termes sobres, éloquents. C'était véritablement une scène émouvante que de voir et d'entendre ce fonctionnaire, dont les lèvres contractées par le dégoût lançaient des mots, qui comme autant de coups de cravache, cinglaient au visage l'homme auquel ils s'adressaient.

Le maître chanteur, tête basse, bras pendants, écoutait, muet, éperdu, ne répondant que par des signes de tête. Le sang empourprait son visage à croire qu'il allait tomber frappé d'apoplexie.

Le pardessus du malheureux s'étant ouvert laissa voir le ruban rouge qui ornait l'une des boutonnières de la redingote.

D'un geste impérieux Monsieur Lecour indiqua l'insigne. X... comprit et l'arracha aussitôt de lui-même, car il n'avait aucun droit à porter cette distinction honorifique.

Les renseignements recueillis depuis deux jours sur le compte du persécuteur de Madame ***, établissaient que cet individu portait illégalement la décoration de la Légion d'honneur.

Son frère, lui, avait été décoré en effet pour blessures reçues pendant la guerre, mais comme l'aîné portait le même prénom que le cadet, ce dernier exploitait cette particularité à son profit et invoquait l'insertion du journal officiel pour convaincre les incrédules.

Au bout de dix minutes de conversation, Monsieur Lecour s'arrêta et invita X*** à lui remettre immédiatement les lettres dont il menaçait de se servir.

Une heure après toute la correspondance de Mademoiselle*** était à la Préfecture de police, et le lendemain elle passait entre les mains de celle qui avait failli payer si chèrement une grave inconséquence de jeune fille.

Depuis cette aventure, notre maître chanteur par amour s'est marié à son tour.

Qui sait, si par un juste retour des choses d'ici-bas, il ne se verra pas dans la nécessité de réclamer la protection administrative dont il connait, — par expérience, — la bienfaisante efficacité.

Le fait suivant complètera la trilogie que nous avons annoncée.

Cette affaire, déjà connue du lecteur, — au moins dans ses phases principales, — ne l'est certainement pas quant aux détails qui ont permis de la mener à bonne fin. Il s'agit de la tentative du chantage dont Monsieur Gambetta fut l'objet au commencement de l'année 1878.

Le Président actuel de la Chambre des Députés avait reçu une lettre dans laquelle on menaçait d'attenter à sa vie, si, dans un délai déterminé, il n'envoyait pas une somme de trente mille francs qui devait être expédiée sous forme de colis à l'adresse d'un sieur M. G., chez un cabaretier de Lille.

La lettre, cela va sans dire, ne portait aucune signature.

Sans attacher plus d'importance qu'il ne convenait à cette bizarre mise en demeure, M. Gambetta crut devoir néanmoins remettre l'épitre à M. Gigot, Préfet de police, afin qu'on pût rechercher son auteur.

Ce fut le service du cabinet qu'on chargea de ce soin.

Une boîte, dans laquelle on plaça de vieux journaux et à laquelle on donna tout l'extérieur d'un colis renfermant des valeurs, fut expédiée à l'adresse désignée.

Deux inspecteurs de police accompagnant l'officier de paix partirent en même temps pour Lille.

La cabaret indiqué dans la lettre était un établissement de quatrième ordre, situé près du grand théâtre, et dont la clientèle se composait presque exclusivement des messagers des environs qui venaient y chercher les colis qu'ils devaient emporter.

Afin d'arriver à un résultat, il fallait pouvoir surveiller l'arrivée du paquet, ne pas le perdre de vue et, surtout, savoir à qui il serait remis ou par qui il serait enlevé.

Demander ces renseignements c'eut été compromettre le succès, car le maître de l'établissement pouvait être, à un degré quelconque, complice de cette tentative de chantage.

D'autre part, comment — sans éveiller l'attention — s'installer dans un cabaret qui avait une clientèle régulière, connue et qui ne possédait que deux tables à la disposition des consommateurs.

On s'arrêta au moyen suivant.

Les deux agents prirent le costume et les allures de marchands moitié camelots, moitié courtiers, ainsi qu'on en rencontre fréquemment dans les marchés de province. Puis à tour de rôle d'abord et ensemble après, ils s'installèrent chez le marchand de vin sous prétexte d'attendre des confrères et de la marchandise. Ils consommèrent, prirent leurs repas et ne furent pas remarqués.

Enfin, la caisse arriva. Le camionneur la déposa dans un coin de l'établissement.

Malgré les allées et venues des habitués, les deux

agents, au bout de quelques heures, connaissaient déjà à peu près tous les clients demeurant dans le voisinage.

Ils avaient remarqué notamment un garçon boucher, jeune encore, et qui semblait très familier dans la maison.

La cabaretière avait, à diverses reprises, offert le fameux colis à des messagers, mais aucun d'eux ne l'avait accepté. Elle commençait même à s'étonner que cette boîte restât aussi longtemps chez elle sans être réclamée.

Las d'attendre vainement, l'agent qui était en surveillance mit un coude sur la table, appuya sa tête et s'endormit. Il y avait quelques minutes que le faux courtier avait fermé les yeux que la débitante, — profitant de ce sommeil fort opportun, — passa dans sa cuisine suivie du jeune garçon boucher. Cinq secondes après, elle revenait dans le cabaret, s'assurait que l'unique consommateur dormait toujours, puis, négligemment, elle laissait tomber sa serviette sur le petit colis, se baissait rapidement pour réparer sa maladresse, se relevait et emportait dans la cuisine la caisse dissimulée sous le linge.

Mais, on le suppose bien, l'agent ne dormait que d'un œil, il ne perdit rien de ce manége.

Suivant toute apparence, la cabaretière était de connivence avec le garçon boucher. Celui-ci, sortant tout à coup, les mains vides, les soupçons se changèrent en quasi-certitude et il fallait s'assurer au plus vite que la boite se trouvait encore dans la cuisine.

Profitant alors d'un moment d'inattention de la marchande de vin, l'agent entra dans la pièce contiguë au cabaret sous prétexte de chercher des allumettes. Il vit que la boite avait disparu.

Par qui et comment a-t-elle été emportée, se demanda-t-il aussitôt? Il eut l'explication du mystère en apercevant, au fond de la cuisine, une sortie donnant accès sous la porte cochère de la maison voisine.

Intervenir en ce moment, c'était tout risquer. Il fallait pourtant savoir de la cabaretière ce qu'elle avait fait du malencontreux colis.

Ce n'était pas là le côté le plus facile de la tâche entreprise. Depuis le matin, les entrées et les sorties fréquentes des deux agents pouvaient leur faire craindre d'avoir éveillé des soupçons.

6

Il fallait aborder adroitement la difficulté et l'aborder rapidement car la nuit arrivait. L'un des inspecteurs eût une heureuse inspiration. Pendant qu'une conversation générale était engagée entre les consommateurs et la cabaretière, il s'adressa inopinément à celle-ci et lui dit de l'air le plus indifférent du monde :

— A qui donc avez-vous remis le colis qui était là tantôt? Tout-à-l'heure, en votre absence, un homme est venu réclamer un paquet semblable à celui qui était déposé à cet endroit. Du reste, cet individu doit revenir.

La femme répondit sans hésitation.

— Mais, j'ai donné le colis à Émile (le garçon boucher), c'était pour lui !

— Ah! ce farceur-là sera parti, tandis que je dormais. Et moi, qui dois le retrouver ce soir pour nous amuser ensemble, j'ai maladroitement oublié son adresse; rendez-moi donc le service de m'apprendre où il demeure.

— Il reste à tel endroit, répondit obligeamment la marchande de vins.

Le tour était joué, les agents savaient ce qu'ils voulaient, ils quittèrent la maison et une demi-heure après Émile S^t.-C. était arrêté dans son domicile.

Le garçon boucher opposa quelques dénégations pour la forme, mais il avoua tout presque aussitôt.

Il n'avait pas de complice. La conception et l'exécution de ce projet revenaient tout entières à notre jeune homme, altéré de jouissances et dévoré d'un besoin d'argent immodéré. Si sa folle entreprise eût réussi, il comptait mettre sa petite fortune aux pieds d'une diva de certain café-concert de Lille dont il espérait ainsi vaincre les résistances.

S^t.-C. fut condamné à un mois de prison.

VIII

Souvenirs de police à propos du docteur de Lapommerais. — Une descente de justice au milieu d'une noce. — Un mot de bourreau. — Détails significatifs sur l'affaire dite du procès de Blois.

Le journalisme français, à l'instar des journaux anglais et américains, a inauguré, depuis une vingtaine d'années, un genre d'informations à outrance connu sous le nom de reportage.

Ce reportage a conquis la faveur du public et a développé chez ce dernier une curiosité insatiable pour tout ce qui touche, de près ou de loin, aux scandales parisiens ou aux affaires criminelles.

L'indiscrétion a été élevée à la hauteur d'un art par MM. les reporters et aujourd'hui ils poussent aussi loin que possible dans la voie de l'information policière ou judiciaire. Il n'est pas de ruses qu'ils n'inventent pour se procurer un renseignement inédit, et Dieu sait quelle brochure intéressante on pourrait publier sous ce titre indiscret: Les mystères du reportage.

Ces faits offrent parfois un réel intérêt. Nous allons mettre le lecteur à même d'en juger en évoquant, à son intention, des souvenirs rétrospectifs qu'il ne connaît certes pas.

L'affaire du docteur Lapommerais eut un grand retentissement, et tous les journaux de l'époque enregistrèrent minutieusement les moindres particularités de cet émouvant procès, digne pendant de celui du docteur Castaing.

Quoiqu'on n'ait peut-être pas oublié les faits principaux ayant servi de bases aux poursuites et amené la condamnation à mort de ce criminel, nous croyons devoir rappeler brièvement les diverses phases de ce procès.

Le docteur Lapommerais entretenait des relations intimes avec Mme de P*** qui possédait une assez modeste aisance. Grâce aux suggestions de son « ami » cette dame, après avoir contracté une assurance sur la vie, en fit opérer le transfert au profit de Lapommerais.

Avant d'arriver à ce résultat, le prévoyant médecin avait échangé, avec Mme de P***, une correspondance dont les termes dictés par lui devaient (en cas de contestations avec les Compagnies) établir péremptoirement toute l'insistance employée par la pauvre femme pour faire accepter à son docteur le bénéfice du transfert.

Peu de temps après le décès de Mme de P***, l'attention de la justice fut appelée sur les circonstances assez singulières de cette mort.

Une première autopsie, discrètement pratiquée démontra qu'un empoisonnement avait été commis.

L'existence des contrats d'assurances était connue, les soupçons se portèrent naturellement sur la seule personne ayant un intérêt sérieux à la mort de Mme de P***, c'est-à-dire sur le docteur Lapommerais.

La profession de l'inculpé augmentait encore les présomptions. Ce fut, si je ne me trompe pas, M. de Gonet, juge d'instruction, qu'on chargea de cette affaire.

Ce magistrat décida que l'interrogatoire du docteur Lapommerais aurait lieu un matin, à l'improviste, dans le domicile de l'inculpé et qu'on prendrait ensuite toutes les mesures que comporteraient les circonstances. Les choses se passèrent ainsi. Un matin à six heures, le médecin vit arriver chez lui M. de Gonet, assisté d'un subtitut du parquet et de M. de Demarquay, alors commissaire de police aux délégations judiciaires.

Le juge d'instruction, avec beaucoup de réserve et de méthode, interrogea Lapommerais sur la nature de ses rapports avec Mme de P.***, sur les conditions dans lesquelles il l'avait connue, etc., etc...

Le docteur répondit sans le moindre trouble. Il fit d'une façon nette, précise, le récit qu'il avait préparé et dont l'entière confirmation devait se trouver dans la fameuse correspondance citée plus haut.

Pendant plus de trois heures, Lapommerais donna les plus minutieuses explications qui lui furent demandées, et cela avec une sécurité dénotant tout à la fois une bien grande audace et une bien grande naïveté.

On arriva enfin au décès de Mme de P.*** et aux faits particuliers qui l'avaient entouré.

Ici, le docteur ne fut plus aussi maître de lui-même ; il avait cru (ou feint de croire) prétendit-il « que cette « descente de justice était opérée à l'instigation des « compagnies d'assurances, qui contestaient la légiti-

« mité ou la régularité de l'acte de transfert passé à
« son profit.

« Avoir à répondre sur les causes de la mort de
« Mme de P*** ne lui était même pas venu à l'esprit
« et il était surpris, ajouta-t-il, qu'on l'interrogeât sur
« ce point. »

Sa qualité de médecin ne lui permettait pas aussi
acilement qu'à tout autre d'éluder certaines questions.
Il n'avait pas soigné Mme de P*** soit, mais il avait
dû chercher et reconnaitre les symptômes de la maladie à laquelle elle succombait.

C'était pour lui un devoir d'amitié, sinon un devoir
professionnel.

Plus l'argumentation devenait serrée, plus les réponses de Lapommerais perdaient de leur précision
et devenaient évasives.

Les trois magistrats s'aperçurent immédiatement
que l'homme instruit, habile, qu'ils avaient devant
eux se croyait tellement à l'abri du soupçon, tellement sûr qu'aucune trace de son crime ne pouvait être
découverte, qu'il n'avait songé à préparer sa défense
qu'au point de vue *d'un procès civil* à soutenir contre
les Compagnies d'assurances.

L'interrogatoire ne dura pas moins de six heures,

quand il prit fin, la pâleur de Lapommerais était extrême, son trouble éclatait, malgré tous les efforts qu'il tentait pour conserver son énergie.

On lui annonça alors qu'il allait être emmené et détenu provisoirement... Cette nouvelle acheva de l'accabler.

Il n'eut plus conscience de lui-même, ses mains s'agitaient nerveusement, il se levait, se rasseyait machinalement, enfin il s'habilla, puis demanda *à manger*.

Par un phénomène physique singulier, il put engloutir un énorme morceau de rôti froid sans manger une seule bouchée de pain. Il but une carafe d'eau toute entière.

Les yeux fixes, hagards, il dévorait littéralement. En une minute, il s'était rendu compte de la terrible situation dans laquelle il se trouvait.

Non-seulement tout l'échafaudage qu'il avait édifié avec tant de soin était renversé, mais il comprenait que tous les arguments qu'il avait invoqués se retournaient contre lui et allaient fournir des preuves accablantes à la justice.

Dans cet instant véritablement psychologique, l'un des magistrats présents à cette scène se pencha vers son voisin et lui dit à voix basse :

— C'est un homme mort !

La fin du procès justifia cette prévision.

Certains incidents se produisirent au cours de l'instruction et méritent d'être consignés.

Le premier touche au comique, le voici :

Lapommerais avait un dispensaire rue du Bac... On dut le conduire un jour dans cet endroit afin de rechercher un paquet de digitale qu'il prétendait y avoir laissé.

L'accusé, accompagné d'un commissaire de police, fut donc amené à cette adresse.

Le concierge de la maison sachant son locataire prisonnier à Mazas, avait trouvé fort commode de se servir de l'appartement momentanément vacant. Qu'on juge de la surprise générale, lorsque le commissaire de police et Lapommerais firent leur entrée dans la salle à manger où de nombreux convives se pressaient autour d'un couvert très correctement dressé.

Le laboratoire du docteur était transformé en cuisine ; fioles, cornues avaient fait place à de vénérables bouteilles aux cachets multicolores et à des casseroles fonctionnant avec activité.

Le dîner à la traverse duquel se mettait si inopinément la justice était le repas de noce du concierge.

Cet homme, aussi économe que pratique, resta confondu à l'aspect des deux nouveaux venus, qu'on prit un instant pour des dîneurs attardés.

Le repas se termina moins gaiement qu'il n'avait commencé, car l'apparition du commissaire de police produisit le même effet que la statue du commandeur dans le festin de Pierre.

Le second incident est dédié aux physiologistes.

Extrait de la prison de Mazas pour être conduit à son domicile, Lapommerais, pendant le trajet, se fit raconter minutieusement la double exécution d'Orsini et de Pietri.

Il écouta ce récit avec une attention des plus soutenues.

Voulait-il se familiariser avec l'échafaud vers lequel il se sentait entraîné ?

Qui peut le dire ?

Ce qui donnait encore plus d'étrangeté à cet entretien, c'est que le docteur avait un tic consistant à baisser fréquemment la tête, comme s'il eut senti quelqu'un lui passer la main sur le cou.

On peut se demander si déjà son imagination ne lui faisait pas sentir le froid tranchant du fatal couperet.

Enfin, un dernier détail. La veille du jour où il comparut devant ses juges, Lapommerais affirmait d'un ton très calme et réellement convaincu : que non-seulement son acquittement était certain, mais que le jugement était une affaire de pure forme pour couvrir le parquet d'avoir commis l'imprudence d'être allé aussi loin.

Ce grand coupable, nous a-t-on dit (et nous sommes fondés à croire ce renseignement exact) aurait avoué son crime d'un seul mot au vénérable abbé Crozes, quelques minutes avant de monter sur l'échafaud.

De l'échafaud à l'exécuteur des hautes œuvres la transition est toute naturelle ; profitons-en donc pour rapporter ici une histoire horrible et absolument authentique :

Avinain, ce boucher précurseur des Billoir, des Barré et des Prévost, Avinain dont le « n'avouez jamais » final est resté légendaire, fut guillotiné le 29 novembre 1867.

Le matin de l'exécution, le bourreau, après avoir rempli les formalités précédant la remise du condamné à mort entre ses mains, s'approcha d'Avinain. Celui-ci se livra aussitôt contre M. de Paris à un débordement d'injures, d'épouvantables épithètes, telles qu'il n'en avait jamais retenti sous les murs de la Roquette.

Calme et digne, l'exécuteur supporta ce flot d'invectives sans y prêter la moindre attention, du moins en apparence.

Les derniers apprêts terminés, le criminel gravit les degrés de l'échafaud (la guillotine à cette époque n'était pas comme aujourd'hui établie de plain pied), il fut couché sur la bascule, la demi-lune se rabattit sur le cou du misérable, puis... puis... le bourreau quittant son « *patient* » vint sur le devant de la machine s'assurer que « *tout était bien*, » reprit sa place près du montant, leva posément la main ; pressa le ressort et le couperet tomba avec ce bruit sourdement sinistre qui ne s'oublie jamais.

Pour tout spectateur n'ayant pas encore assisté à une exécution faite par M. de Paris, les choses avaient dû paraître s'être passées avec une extrême rapidité. Il n'en était pas de même pour certains fonctionnaires obligés, par devoir, à assister à ce lugubre spectacle. Aussi, à quelque temps de là, l'un d'eux fit remarquer à l'exécuteur des hautes œuvres qu'il avait été un peu moins vif dans l'exécution d'Avinain que dans les exécutions précédentes.

Le bourreau ne chercha pas à nier, et accompagnant ses paroles d'un sourire indescriptible, il répondait : — « Je l'ai fait attendre ! »

. . . .

Le bourreau s'était souvenu des injures du condamné à mort, le vengeur de la société s'était monstrueusement vengé lui-même.

« Il l'avait fait attendre ! »

Oui, il avait fait attendre cet agonisant dont la vie était entre ses mains, il avait fait attendre celui que la justice divine attendait, elle aussi, à son tribunal suprême.

Ajoutant cette dernière angoisse au dernier supplice :

« Il l'avait fait attendre ! »

. . . .
. . . .
. . . .

Avant de clore nos souvenirs se rattachant à la

période de l'Empire, revenons un peu à la politique et donnons une preuve nouvelle de l'ingérence néfaste de la police de ce régime dans un complot imité de celui qu'Imperatori, Grecco, Trabucco et Scagliani avaient ourdi... si singulièrement.

L'agitation électorale de 1869 se manifesta avec une intensité telle, que les hommes avisés du pouvoir ne se méprirent point sur sa signification et sa portée.

Ils entrevirent clairement l'issue de la lutte engagée, c'est-à-dire la chute certaine et à brève échéance du Trône Impérial.

On avait accumulé fautes sur fautes.

Le formidable mouvement d'opinions comprimé jusqu'alors, fut favorisé, précipité par les manœuvres occultes qu'on employa et qui, loin d'amener une réaction aussi ardemment désirée qu'ardemment attendue, produisirent un effet tout contraire.

Les chefs militants du parti républicain profitèrent très habilement de ce mouvement qu'ils dirigeaient à distance. Ils surent éviter toute promiscuité dangereuse avec certains individus soi-disant hommes d'action.

Ceux-ci, orateurs violents des réunions publiques,

suscitèrent les émeutes ou, pour parler plus exactement, les troubles partiels dont on se souvient.

Ces farouches révolutionnaires puisaient l'ardeur de leurs convictions à une source singulière, celle des fonds secrets...

C'est ainsi qu'un sieur B***, lié d'amitié avec G. Flourens, mais totalement inconnu jusque là dans le monde des agitateurs, s'adressa à la Préfecture de police pour lui signaler la fabrication clandestine de bombes destinées à commettre un attentat dirigé contre la vie de Napoléon III.

Au début, le révélateur ne put ou ne voulut donner que des renseignements incomplets. La police lui fournit alors une somme d'argent importante afin de suivre l'affaire jusqu'au bout, et subir toutes les conséquences judiciaires dont l'éventualité s'imposait.

Ceci arrêté et convenu, M. Lagrange régla « *lui-même* » la surveillance dont B.*** allait être l'objet, et « *désigna* » à ses agents le conspirateur « tout frais émoulu » et complétement inconnu du personnel policier.

Nous n'entreprendrons pas de retracer les phases fort connues de cette affaire, ce qu'il importe de faire connaître c'est que B.*** poursuivit la recherche et la fabrication des bombes avec les deniers de dame Police.

Puis, des troubles, plus accentués que ceux qui avaient déjà éclaté, amenèrent l'arrestation d'un certain nombre d'agitateurs politiques, parmi lesquels se trouvaient des hommes sérieusement exaltés.

On parvint ainsi à échafauder le procès de Blois.

Nous pouvons affirmer que plusieurs des inculpés, traduits devant la haute cour, étaient depuis longtemps à la solde du cabinet du Préfet de police.

L'un d'eux, qui n'était certes pas le moins fougueux, se fit remarquer dans les réunions publiques par une exaltation dépassant souvent toute mesure.

Cet ouvrier feuillagiste est décédé.

Quant aux autres, à quoi bon les désigner ?

B***, le révélateur et le principal promoteur de ce complot, a touché, dit-on, plus de vingt mille francs pour prix de ses services.

On ignore ce qu'il est devenu.

Dans l'intérêt de la vérité, il nous faut ajouter que si le projet de cet attentat a réellement existé, on doit attribuer son organisation (au moins pour moitié) aux agents de la police politique payés avec l'argent des contribuables, et pour l'autre moitié on doit l'inscrire à l'actif des ennemis convaincus et déclarés de l'Empire.

Ne faisant pas œuvre de passion, ni de parti, nous nous abstiendrons de tous commentaires, et nous dirons au lecteur à propos de ce complot :

« Ab uno disce omnes. »

SECONDE PARTIE

IX.

Un crime inconnu. — Assassinat commis par un indicateur de la sûreté. — Le cadavre coupé en morceaux. — Habileté d'un commissaire de police. — Mort du meurtrier dans sa prison.

Comme l'histoire, le crime se répète et les annales judiciaires sont là pour attester que, dans un cycle d'années plus ou moins régulier, les mêmes forfaits, les mêmes attentats se reproduisent, hélas ! dans des conditions presque toujous identiques.

Chacun a encore présents à la mémoire les noms dont se compose l'horrible pléïade commençant au boucher Avinain, pour s'arrêter actuellement à Menescloux, ce monstrueux assassin à peine âgé de vingt ans.

Ce que l'on ignore, c'est qu'un crime, absolument analogue à celui du gardien de la paix Prévost, fut commis jadis par un individu servant la Préfecture de police en qualité « *d'indicateur.* »

Cette affaire, restée mystérieusement dans l'ombre, n'obtint aucun retentissement par suite de considérations que l'on comprendra aisément après la lecture de ce récit.

Vers la fin de l'année 1869, des habitants d'une modeste maison de la rue Princesse amenèrent, en tirant de l'eau d'un puits dépendant de cet immeuble, un paquet assez lourd et assez volumineux que l'on ouvrit aussitôt.

Les assistants reculèrent d'horreur à la vue de deux jambes humaines encore chaussées de bas marqués de l'initiale L.

Averti immédiatement de cette sinistre découverte, le commissaire de police du quartier se transporta rue Princesse, et procéda à des recherches aussi actives que minutieuses, dans le but de découvrir les débris humains permettant de reconstituer le cadavre et d'établir l'identité de la victime.

Comme on n'avait encore aucune indication sur le lieu où le crime avait été perpétré, ni aucun renseignement sur les points où l'assassin avait pu cacher les tronçons du cadavre, il fallut explorer les égouts, les puits du quartier et opérer des fouilles dans la Seine.

Ce sombre drame était donc plein d'inconnu.

Loin de se laisser décourager par les difficultés dont cette affaire était hérissée, dès le début, le jeune magistrat chargé de pénétrer ce mystère se mit courageusement à l'œuvre.

Animé d'une ardeur, d'une foi de néophyte, rien ne put le rebuter dans la mission qu'il s'était imposée.

Il s'était promis de triompher de tous les obstacles et de débuter par un coup de maitre. Il y parvint, grâce à sa persévérance et à ses aptitudes absolument exceptionnelles.

Les recherches qu'il dirigeait ne tardèrent pas à faire découvrir successivement l'un des bras et la poitrine du cadavre dans la Seine, et les autres membres mutilés dans divers puits du quartier.

Seule la tête manquait et ne fut « jamais retrouvée. »

Dans ces épaves humaines, dans ce corps décapité, gisant sur les dalles de la Morgue, une vieille dame reconnut les restes mortels de son neveu. Une cicatrice profonde qu'on voyait à la jambe droite, et la marque des bas ne lui laissèrent aucun moment d'hésitation.

Le cadavre, coupé en morceaux, était celui d'un sieur Linotte, vieillard d'une soixantaine d'années qui avait demeuré rue Dauphine.

Cet important résultat acquis, il fallait encore découvrir la date du crime, le lieu où il avait été commis et quel en était l'auteur.

Ce fut à ce dernier point que le commissaire de police s'attacha tout d'abord, car les premières constatations lui avaient déjà fourni une donnée sur la profession exercée par l'assassin.

Cette donnée était basée sur un indice prouvant la profonde observation de celui qui montra tant d'intelligence et de merveilleuse intuition dans tout le cours de cette affaire.

Les jambes retirées du puits de la rue Princesse étaient enveloppées d'un de ces morceaux d'étoffe connus sous le nom de « toilette » et qui sont presque exclusivement en usage parmi les tailleurs ou les couturières.

Or, l'examen des nœuds indiqua au commissaire de police que le lugubre paquet avait été fait par un tailleur, car, suivant l'habitude des gens de cette profession, la toilette était bien fermée à ses deux extrémités par des nœuds, tandis que le mode de fermeture adopté par les couturières consiste à nouer, en croix, les quatre coins de l'enveloppe.

Cette remarque, pleine de sagacité, eut pour conséquence naturelle de faire rechercher quelles étaient les habitudes, les relations de la victime, afin de savoir si le malheureux Linotte avait été en rapport avec un ouvrier tailleur.

Ces prévisions ne tardèrent pas à être justifiées, car l'enquête apprit bientôt que le vieillard assassiné fréquentait, chaque soir, avant sa disparition, un établissement de la rue Princesse, où il venait faire sa partie de cartes avec sa maîtresse et l'un de ses amis.

Quel etait cet ami?

La maîtresse du vieillard, recherchée et retrouvée, le fit découvrir.

Elle avoua avoir entretenu également des relations intimes avec l'individu qui jouait avec l'infortuné Linotte.. Cet individu, ajouta-t-elle, se nomme Beauvoir, il est tailleur de son état et demeurait, il y a six mois, rue Mazarine, n° 46.

La maîtresse, l'ami, c'était là le trait d'union, et la lumière commençait à se faire.

Celle qui venait de fournir de si utiles renseignements avait été placée, par Beauvoir, comme domestique, dans l'établissement de la rue Princesse, précisément dans la même maison où les jambes de la victime avaient été découvertes au fond du puits.

Les présomptions s'accentuaient, mais une perquisition pratiquée rue Dauphine, au domicile du sieur Linotte, amena de nouvelles complications.

Le commissaire en pénétrant dans le logement fermé à clef et pour l'ouverture duquel il lui avait fallu requérir l'assistance d'un serrurier, remarqua que le plus grand ordre régnait dans la pièce où il se trouvait, et qu'on n'y voyait nulle part des traces d'abandon.

La canne et la montre, objets que la victime ne quittait jamais, étaient à leurs places ordinaires. Cependant, de nombreuses lettres, non ouvertes, gisaient à terre, près de la porte d'entrée, sous laquelle elles avaient été glissées. Une autre particularité, non moins étrange, frappa le magistrat : il aperçut, dans un coin, une de ces horloges dites coucou, dont le balancier faisait entendre son tic-tac monotone.

Ces espèces d'horloges ne pouvant marcher plus de vingt-quatre heures sans être remontées, le locataire de la chambre ne pouvait donc s'être absenté que depuis la veille, et il y avait déjà six mois que le sieur Linotte avait été assassiné, les constatations médico-légales et d'autres circonstances ne laissaient aucun doute à cet égard.

Qui donc alors était venu remonter le coucou ?

Personne ne put répondre à cette question, car personne, dans la maison, ne s'était aperçu de la disparition du vieillard et il n'y avait pas de concierge. Se réservant d'expliquer plus tard ce mystère, le jeune commissaire de police dirigea ses investigations d'un autre côté, espérant être plus heureux dans les recherches qu'il se proposait de faire à l'ancien domicile de Beauvoir, l'ouvrier tailleur, ami de la victime.

Il se rendit en conséquence au n° 46 de la rue Mazarine, puis, accompagné de la propriétaire de l'immeuble, Mme Gosset, il monta trois étages et pénétra dans le logement occupé alors par un jeune ménage.

C'était un dimanche, les nouveaux époux, qui réunissaient à peine quarante printemps à eux deux, étaient à table, se dévorant du regard et mangeant à belles dents.

O puissant privilége de la lune de miel! Les tendres tourtereaux ne se préoccupèrent nullement de la présence et du but de la visite du magistrat. Celui-ci put donc examiner tout à loisir ce nid d'amoureux qui, quelques mois auparavant, avait été le théâtre d'un crime monstrueux.

Tout à leur amour, les jeunes mariés ne voyaient et n'entendaient qu'eux.

— Où était le lit ? Où était le poêle, la commode, le secrétaire, l'établi ? Quel était l'espace vide laissé par les meubles ? demanda coup sur coup le commissaire à la propriétaire.

L'excellente dame ne soupçonnait en rien l'intérêt attaché aux questions qui lui étaient posées. Elle s'empressa néanmoins d'y satisfaire d'une façon nette, précise. Mais dans le logement de l'assassin, comme dans celui de la victime, le magistrat ne parvenait pas à trouver quelque indice révélateur. Il semblait déçu dans son attente, lorsque tout à coup, inspiré par une idée lumineuse, il avisa sur la table une carafe pleine d'eau, la saisit vivement, puis versa le contenu autour de lui en traçant un grand cercle dont il formait le centre.

Quelques minutes après, le liquide était évaporé

partout, sauf sur un point, où on voyait encore des traces humides. Alors, en moins de temps que nous n'en mettons pour l'écrire, le commissaire se précipita vers cet endroit, fit enlever les carreaux, et le plâtre, mis à nu, laissa bientôt apercevoir une large plaque d'un rouge noirâtre.

C'était du sang, et c'était bien là, à cette place, dans cette chambre même, que le malheureux Linotte avait été égorgé et coupé en morceaux.

Le moyen employé par le magistrat pour acquérir si promptement la terrible preuve qu'il cherchait était des plus simples, des plus probants. En effet, ce fonctionnaire savait que dans tout bâtiment, quelque bien construit qu'il soit, le sol a toujours une certaine déclivité. Or, il s'était dit que si le vieillard avait été assassiné et dépecé dans cette pièce, le sang avait dû forcément suivre la pente du plancher, l'eau devait donc suivre également la même inclinaison et s'arrêter à l'endroit précis où le sang avait coulé.

L'expérience venait de prouver victorieusement la justesse de ces remarquables déductions.

L'enquête marchait à grands pas. L'ouvrier tailleur recherché ne tarda pas à être découvert. Mandé au commissariat, il se montra fort étonné de ce qu'on lui demandait compte de ses anciennes relations avec le malheureux vieillard de la rue Dauphine. Son attitude était pleine d'assurance, il protestait énergiquement de son honorabilité, disant qu'il était établi, marié, et invoquant enfin les services qu'il rendait à la Préfecture de police comme « *indicateur de la sûreté.* »

Quoique ces allégations fussent reconnues exactes, elles n'ébranlèrent pas la conviction intime du commissaire de police, qui était certain d'avoir l'asssassin devant lui. Néanmoins il crut devoir différer l'arrestation de « *l'indicateur.* »

Certaines résistances administratives sur lesquelles nous n'avons pas besoin d'insister, se produisirent alors et inquiétèrent un instant le jeune magistrat auquel des hommes, expérimentés cependant, reprochaient son ardeur et surtout sa suspicion à l'égard d'un agent du service de sûreté, agent des plus infimes, il est vrai, ne relevant pas de l'administration, non salarié régulièrement par elle, mais enfin dont elle acceptait les services en échange de tolérances spéciales qu'elle accordait à cet homme.

Malgré tout, l'officier de police judiciaire ne se

laissa pas intimider et quarante-huit heures après on lui amenait un individu arrêté au cours de la surveillance exercée, rue Dauphine, au domicile de l'homme assassiné.

Cet individu, qui s'était fait prendre dans la « *souricière*, » n'était autre que Beauvoir, l'indicateur de la sûreté !

Celui-ci, tout en cherchant à expliquer le motif de la démarche si grave qui devait le perdre, tira son portefeuille pour montrer des papiers.

Dans le mouvement qu'il fit — et sans qu'il s'en aperçut — il laissa tomber à terre un petit carré de carton, sur lequel le commissaire mit immédiatement le pied.

Après avoir ramassé et examiné rapidement cette carte, le jeune magistrat interrogea Beauvoir, d'abord sur un ton indifférent, puis tout à coup plongeant brusquement ses regards dans ceux de « *l'indicateur*, » il l'apostropha ainsi : — Vous êtes établi, vous vous êtes marié depuis six mois, vous n'avez donc aucune raison pour quitter Paris et cependant vous songez à vous expatrier. Donc, si vous cherchez à fuir, c'est que vous êtes bien l'assassin de Linotte, j'en tiens une nouvelle preuve, regardez ceci !

Le ton suivait la gradation de ces paroles dont l'effet sur Beauvoir fut foudroyant. Vaincu, écrasé par l'évidence, il avoua sa culpabilité ! Quelle était la valeur du chiffon de papier que le commissaire plaçait ainsi sous les yeux de l'assassin ?

Ce carré de vélin n'était autre qu'une de ces cartes délivrées par les agences maritimes sur laquelle était lithographié un de ces steamers faisant le service transatlantique.

Vingt-quatre heures plus tard, Beauvoir eût échappé à la justice, car il avait retenu deux places pour lui et sa femme à bord d'un navire en partance pour l'Amérique.

Le crime reconnu, avoué, ce qu'il restait de mystérieux à éclaircir dans cette affaire ne fut plus qu'un jeu pour celui dont la perspicacité avait déjà tant fait. Il put reconstituer, comme un témoin oculaire, les moindres péripéties de ce drame de sang et le meurtrier n'eût qu'à reconnaître l'exactitude des faits suivants :

Beauvoir avait annoncé au malheureux Linotte son intention de se marier prochainement et avait demandé au vieillard de vouloir bien lui confier 20,000 fr. de valeurs qui figureraient au contrat et qui lui seraient immédiatement restituées après l'accomplissement de cette formalité.

Le pauvre homme consentit à se prêter à cette supercherie.

Il se fit présenter la future, confia les titres demandés ; puis, quelques jours après la signature du contrat, il se rendit rue Mazarine, afin de réclamer son argent.

Ce fut alors que le crime fut consommé.

Comme le gardien de la paix Prévost devait le faire dix années plus tard, Beauvoir fit disparaître les restes de sa victime après l'avoir coupée en morceaux. Comme le fit son imitateur, il profita de la disposition du local pour jeter dans les « water-closets, » situés à la porte de la chambre, l'eau ayant servi à laver les traces sanglantes de l'épouvantable besogne, mais où l'analogie cesse entre ces deux criminels ; c'est que, tandis que les têtes du malheureux Lenoble et d'Angèle Blondin étaient retrouvées peu après le crime de Prévost, la tête de l'infortuné Linotte ne put jamais être découverte et gît encore, enfouie dans quelque coin ignoré de la capitale.

En outre, l'assassin de Lenoble a été arrêté vingt-quatre heures après avoir commis son odieux forfait, tandis que pendant six mois le meurtrier de Linotte, se rendit chaque jour dans le domicile de sa victime, y remontait le coucou, prenait toutes les dispositions nécessaires pour que l'on ne pût s'apercevoir, dans la maison, de la disparition du vieillard et n'était mis en état d'arrestation que trente jours après la constatation de son crime.

Enfin, si Prévost a été exécuté, Beauvoir, lui, a pu se soustraire par le suicide à l'arrêt que la justice eût infailliblement prononcé contre lui.

Oui, il était écrit que l'affaire de la rue Princesse serait jusqu'au bout entourée d'étrangeté, de mystère, et que le magistrat qui avait su triompher de tant de difficultés pour venger la société et les mânes de Linotte, ne pourrait bénéficier de la haute intelligence et du dévouement dont il avait donné dans ces circonstances de si remarquables preuves.

L'indicateur de la sûreté Beauvoir avait déclaré qu'il ne monterait pas sur l'échafaud, et il se coupa la gorge avec un rasoir qu'on lui fit passer dans un pain. La procédure dressée contre lui fut anéantie dans l'incendie du Palais de Justice lors de la Commune.

Ajoutons encore que Beauvoir, l'assassin de Linotte, avait subi deux condamnations pour vol, qu'il était bigame, et que, de plus, il fut véhémentement soupçonné d'avoir, comme Prévost, assassiné, rue Sainte-Placide, une femme dont il avait été l'amant.

Enfin, terminons en disant que le jeune magistrat, qui a suivi cette affaire avec M. Drouet d'Arcq, alors juge d'instruction, aujourd'hui président des assises, n'est autre que M. Macé, le chef actuel du service de sûreté.

C'est à lui que revient tout l'honneur de cette épopée policière, bien faite pour tenter la plume d'un romancier.

X

La journée du 4 septembre 1870 à la Préfecture de Police. — Prise de possession par M. Antonin Dubost. — M. le comte de Kératry premier préfet de police de la troisième République, du 4 septembre 1870 au 11 octobre 1870. M. Edmond Adam (12 octobre au 2 novembre 1870). M. Cresson du 3 novembre au 10 février 1871.

Les événements exceptionnels traversés par le pays et la Préfecture de police pendant la période commençant au 4 septembre 1870 et finissant au 30 mai 1871, sont trop connus pour que nous les rappelions.

Ils offrent, du reste, peu de faits rentrant dans le cadre que nous nous sommes tracés. Néanmoins, nous ne saurions nous dispenser de consacrer quelques lignes à chacun des fonctionnaires qui ont passé si rapidement à la Préfecture de police dans ce court espace de temps.

M. le comte de Kératry fut le premier Préfet de police qui succéda à M. Piétri. Le messager porteur de la nouvelle de la nomination du bouillant député fut M. Antonin Dubost. Il annonça l'avènement de M. de Kératry, tout en prenant lui-même possession de la préfecture comme secrétaire général de ladite administration.

Le *Figaro* a raconté cet épisode de la journée du 4 septembre; aussi lui emprunterons-nous, sans vergogne, le récit fidèle et humouristique qu'il en a tracé au moment précis où le chef actuel du cabinet du Ministère de la Justice, installé dans la nacelle d'un ballon, sortait de Paris assiégé et préludait ainsi à son élévation... présente.

Voici ce que le *Figaro* publiait à ce sujet le 21 octobre 1870 :

« C'était un dimanche, ordre avait été donné à tous les employés et agents de l'administration de se rendre comme d'habitude à leur poste. Dès le matin, les mystérieux collaborateurs de Lagrange accouraient effarés communiquer à leur chef les nouvelles recueillies sur tous les points de la capitale.

« Ces rapports étaient unanimes à constater une énorme agitation et faisaient pressentir ce que sous l'Empire on appelait une *journée, journée* organisée en dehors des règles ordinaires et sans le secours des auxiliaires obligés.

« Pour la première fois, Lagrange restait interdit ; c'est qu'aussi, pour la première fois, il ne jouait aucun rôle occulte dans les événements qui se préparaient.

« Il s'empressa de communiquer ses nouvelles et ses craintes à M. Piétri. Celui-ci doutait encore de l'imminence des événements ; pourtant des rapports précis arrivaient d'instant en instant, le doute ne fut plus permis, et on reconnut bientôt que la situation était désespérée.

« De longue date, on connaissait à la Préfecture le projet formé par les républicains de tenter simultanément un coup de main sur les Tuileries, l'Hôtel-de-Ville et la Préfecture de police.

« Des mesures de sûreté furent ordonnées immédiatement. Un fort détachement de sergents de ville des brigades centrales vint se masser dans la rue du Harlay, formant alors l'une des cours intérieures de la Préfecture. Des gardes de Paris, appelés en hâte, renforcèrent les postes et toutes les issues furent fermées.

« La nouvelle de l'envahissement du Corps législatif et celle de la marche du peuple sur l'Hôtel-de-Ville venaient de parvenir au cabinet du Préfet.

« M. Piétri télégraphia alors à l'impératrice régente la marche rapide des événements et lui apprit que tout était perdu. Les trois dépêches qu'il adressa aux Tuileries (une seule était chiffrée) furent rédigées dans un style concis, net, mais l'écriture maigre, nerveuse, heurtée, trahissait l'émotion légitime sous laquelle se trouvait l'homme et le fonctionnaire.

« L'anxiété croissait à mesure que le temps s'écoulait.

« Toutes les communications avec l'extérieur venaient d'être interrompues. On ignorait à peu près ce qui se passait dans Paris.

« Les cris victorieux du peuple se percevaient de plus en plus distinctement.

« Qu'allait-on faire ? Qu'allait-on devenir ?

« MM. Piétri et Lagrange se consultèrent une dernière fois, leur départ fut arrêté.

« Le Préfet de police partit, laissant dans sa précipitation la volumineuse correspondance surchargeant son bureau et abandonnant les petits carrés de papier, encore humides de l'encre, ayant servi à tracer les dernières lignes officielles du fonctionnaire à la Régente.

« Il était alors deux heures de l'après-midi environ.

« Quant à Lagrange, il avait de dernières précautions à prendre. Ne lui fallait-il pas faire disparaître les traces les plus compromettantes de ses fonctions. Les cheminées furent donc bourrées en conséquence de monceaux de papiers et le feu commença son œuvre de purification.

« L'auto-da-fé ne dura pas moins de deux heures.

« Lagrange, escorté de quelques agents, disparut après avoir brûlé ses vaisseaux.

« Le chant de la *Marseillaise*, entonné par cent mille poitrines, se rapprochait de plus en plus, et les cris proférés par cette véritable marée humaine, ébranlaient, comme autant de vagues sonores, les vieux murs de la rue de Jérusalem.

« Nous l'avons dit, toutes les issues de la Préfecture de police étaient étroitement gardées, on restait sans nouvelles du dehors.

« Tout à coup, on vit, débouchant par le quai des Orfèvres, un homme jeune encore, suivi d'un élève de l'Ecole polytechnique, pénétrer dans l'hôtel.

8.

« Dans de semblables moments, l'uniforme d'un polytechnicien a toujours une grave signification, aussi celui qui écrit ces lignes comprit qu'il allait se passer quelque chose d'anormal; il se décida à jouer le rôle d'homme du peuple, et se joignit aux deux arrivants.

« Le groupe s'engagea dans le grand escalier de l'antique demeure du président Lamoignon, puis, après avoir gravi une quinzaine de marches, les trois personnages s'arrêtèrent devant le bureau télégraphique installé sur l'un des vastes paliers.

« L'homme jeune encore, le visage orné d'une barbe châtain, vêtu d'habits plus que modestes, interpella alors l'employé de service :

« — Vous recevez ici des dépêches de l'Empire et du théâtre de la guerre ? demanda-t-il d'une voix qui n'avait rien d'aristocratique.

« — Oui, monsieur, lui répondit-on.

« — Désormais, vous ne devrez remettre vos dépêches qu'à moi seul, vous entendez, à moi seul.

« L'employé ouvrait des yeux où se lisait le plus grand étonnement.

« — Je suis le citoyen Dubost, poursuivit le jeune homme sur un ton tellement emphatique qu'on aurait pu croire qu'il se proclamait, lui aussi, citoyen du monde !

« L'agent du télégraphe semblait comprendre de moins en moins ; le nom qu'il venait d'entendre prononcer ne lui apprenait absolument rien.

« — Je suis secrétaire général, et le citoyen de Kératry est préfet de police, ajouta enfin le compagnon de l'élève de l'Ecole polytechnique.

« L'interlocuteur du fonctionnaire improvisé se montrait fort incrédule, il n'en pouvait croire ni ses yeux, ni ses oreilles.

« Du reste, continua sèchement l'ancien rédacteur de la *Marseillaise*, voici mon nom, il écrivit ces mots : Antonin Dubost, se leva et dit :

« — Vous êtes seul ici ?

« — Oui, monsieur.

« — Eh bien ! vous ne quitterez votre poste sous aucun prétexte, et quand vous recevrez une dépêche, vous me l'apporterez vous-même.

« — Pardon, objecta le télégraphiste, pour qui cet ordre manquait de logique, mais ne devant pas quitter mon poste, je ne puis...

« — C'est juste, interrompit le nouveau secrétaire général frappé de cette objection.

« — Monsieur, poursuivit l'employé, trouvera installée dans son cabinet une sonnerie électrique destinée à indiquer l'arrivée d'une dépêche, il n'aura alors qu'à envoyer l'un des huissiers de planton...

« Ici, l'entretien s'arrêta brusquement. Sans attendre la fin de l'explication l'ex-rédacteur de la *Marseillaise* assujettit sur sa tête le chapeau pour lequel il professait un véritable respect (sans doute, à cause de son grand âge), puis, toujours accompagné du polytechnicien et de l'homme du peuple, il escalada lestement les degrés qui le séparaient encore du fauteuil administratif occupé la veille par M. Duvergier; enfin, arrivé au second étage, il se perdit dans la foule envahissant alors le cabinet de l'ex-préfet.

« C'est ainsi que M. Dubost entra dans le temple de la rue de Jérusalem, et que le jeune Éliacin de la République prit possession de la place qu'il abandonna pour monter en ballon, après avoir justifié une fois de plus le fameux proverbe: *Audaces fortuna juvat*, que certains républicains traduisent par: Les places appartiennent aux audacieux. »

Tel est l'article que le *Figaro* consacrait, dans son numéro du 21 octobre 1870, à M. Antonin Dubost, alors au début de sa carrière administrative.

Ajoutons, pour être impartial, que l'ancien rédacteur de la *Marseillaise*, pendant son passage à la Préfecture de police, ne se fit remarquer par aucune mesure violente et chercha, au contraire, à combattre les tendances de Raoul Rigault, qui avait remplacé Lagrange.

Après la guerre franco-allemande, M. Antonin Dubost rentra dans la vie privée et consacra tout son temps à l'étude approfondie du droit ; c'est ainsi que, quoique à un âge assez avancé, il put se faire recevoir docteur. Il est aujourd'hui conseiller d'État.

. . . .

Après avoir vu l'entrée, à la Préfecture, du secrétaire général, voyons celle du Préfet . . . . .

. . . . , ...

Le premier incident qui marqua l'installation de M. le comte de Kératry ne manque pas d'une certaine gaieté et mérite à ce titre la peine d'être relaté.

A peine fut-il assis dans ce vaste et beau salon, occupé quelques heures encore auparavant par son prédécesseur, que le nouveau Préfet de police demanda à prendre connaissance du dossier qu'on n'avait pas dû manquer d'établir à son nom et dont il connaissait l'existence, ajouta-t-il.

Ce sentiment de curiosité, assez légitime, eut pour effet immédiat de mettre en œuvre les nombreux employés chargés des archives du Cabinet. Ces archives brûlées huit mois après, contenaient une énorme quantité de documents fort intéressants au point de vue historique.

On chercha avec empressement à satisfaire le premier désir exprimé par le premier Préfet de police républicain. Les recherches les plus actives, les plus minutieuses restèrent sans résultats.

M. de Kératry s'impatientait, on lui affirma que le dossier existait réellement car on l'avait sûrement vu dans la matinée. — Le Préfet attendit et on chercha de nouveau. — L'émoi était général. Les cartons furent retournés, fouillés de fond en comble. Le maudit dossier demeurait introuvable. Il fallut enfin avouer l'inanité des efforts de tout le personnel chargé de ce qu'on appelle le bureau d'ordre. Cet aveu causa à M. de Kératry une vive déception dont la conséquence fut aussi inquiétante qu'imprévue.

A cette époque, on aimait tant le garde national qu'on en mettait partout.

Il est juste également d'ajouter que le garde national lui-même se fourrait partout, c'est dire que dans les corridors, dans les bureaux, dans les cours de la Préfecture de police, on ne voyait que gardes nationaux de tous âges et de tous grades.

Plusieurs d'entre eux poussèrent le civisme (1) jusqu'à s'établir dans des fonctions aussi peu gratuites que peu obligatoires. Quelques-uns les conservèrent de longs mois et ne les quittèrent qu'avec de légers regrets et de sérieuses compensations.

Absorbé par les devoirs multiples de son entrée en fonctions, M. de Kératry avait oublié et son « dossier » et la consigne sévère donnée aux gardes nationaux, lorsque vers sept heures du soir, un des plus anciens attachés du Cabinet lui remit d'un air affable, le documents cherché depuis si longtemps.

Le Préfet de police parcourut ces pièces à la hâte; elles ne lui offrirent que peu d'intérêt. Il y releva plusieurs inexactitudes.

Après avoir souri de la nature et de la pauvreté des informations recueillies sur ses agissements politiques, il écrivit la note suivante en marge de la première feuille :

« Il est triste d'avoir dépensé autant d'argent pour

---

(1) Prière aux compositeurs de ne point nous faire dire le cynisme.

« obtenir si peu de renseignements et des rensei-
« gnements si erronnés. »

Puis il voulut connaitre l'endroit où le dossier avait été si discrètement caché.

Sorti vers quatre heures et ignorant encore les investigations auxquelles on s'était livré pendant son absence, l'attaché répondit qu'aussitôt la nouvelle de la nomination du Préfet de police, il s'était empressé d'aller chercher le dossier aux archives et de l'enfermer à clef dans l'un des tiroirs de son bureau.

Cette explication très sincère, très naturelle, ne reçut pourtant pas l'accueil rêvé par son auteur.

M. de Kératry soupçonnait le zèle empressé de celui qu'il ne tarda pas à reconnaître comme l'un des meilleurs et des plus dévoués employés de son entourage immédiat.

Les gardes nationaux se virent relever de leur faction à la porte du bureau suspecté et le personnel put entrer et sortir librement.

Cette fois encore, la montagne avait accouché d'une souris!

Avant d'entrer dans la carrière administrative, le comte de Kératry avait suivi la carrière des armes; aussi apporta-t-il dans ses nouvelles fonctions un esprit et une discipline vraiment militaires, qui eurent d'excellents résultats à ce moment de désorganisation générale. Nature active, énergique, il rendit alors d'incontestables services.

Comme ses prédécesseurs, il apprécia rapidement l'utile et excellent mécanisme des rouages administratifs, mais, par une anomalie bizarre, ce Préfet, convaincu de l'utilité et de l'excellence des services qu'il dirigeait, présenta lui-même au gouvernement un rapport fameux concluant purement et simplement à la suppression de la Préfecture de police.

Il ne faudrait cependant pas juger trop sévèrement cette contradiction de M. le comte de Kératry, car le document dont nous parlons était plutôt un expédient politique que le résultat d'une conviction raisonnée.

En effet, ce rapport allait au-devant d'une mesure, réclamée déjà par des gens d'opinions ultra-radicales. M. de Kératry, en prenant cette initiative, espérait, sans nul doute, gagner du temps et par cela même préserver l'existence de la Préfecture de police.

Il voulait rattacher momentanément les services de son administration au Parquet, à la Direction de la Sûreté générale et à la Préfecture de la Seine, car il

9

prévoyait les événements de la Commune et l'impuissance du gouvernement contre les factieux.

Il est certain que si ce projet avait reçu une exécution provisoire, tous les documents anéantis dans les incendies de mai 1871 eussent été sauvés en grande partie.

M. de Kératry avait si bien compris que la Préfecture de police tomberait aux mains de l'insurrection qu'un jour, alors que le général Trochu déclarait au sein du Gouvernement : « qu'il venait encore de *taquiner* les Prussiens; » le Préfet reprocha véhémentement à son compatriote d'énerver les troupes placées sous ses ordres en leur faisant abandonner les positions conquises dix minutes après qu'elles avaient été enlevées sur l'ennemi.

— « Vos soldats, ajouta-t-il, préféreraient vingt fois se faire hacher plutôt que de lâcher pied ainsi. »

Examinant ensuite l'état des esprits et les conséquences éventuelles devant résulter de cet énervement de la population parisienne, il termina par ces paroles pleines de prévoyance et de sagesse :

— Qui vous dit que le maire de Paris ne deviendra pas un Marat et ne s'emparera pas de la Préfecture de police; sauvez donc cette administration qui, seule, avec le Ministère de l'Intérieur peut assurer la sécurité publique.

Quoiqu'il en soit, et malgré son étrangeté, l'idée du comte de Kératry ne semble pas avoir été abandonnée, car, à dix ans de date, nous voyons encore des gens se croyant sensés, chercher à démembrer, à supprimer, au profit de la commune de Paris, une administration qui n'est réellement que la sauvegarde des honnêtes gens.

. . . .

M. Edmond Adam remplaça M. de Kératry. Mme Juliette Lamber a publié des notes, nous n'osons dire des mémoires, sur les événements ayant marqué le passage du second Préfet de la République à la Préfecture de police.

Nous renvoyons le lecteur à cette curieuse publication qui nous dispense d'évoquer ici les souvenirs laissés par M. Edmond Adam dans le poste élevé qu'il a eu l'honneur d'occuper.

Nous nous contenterons de rappeler l'effet que produisit sur le personnel administratif d'alors, la fréquence des visites de M. Henri Rochefort à l'ancien hôtel du président Lamoignon.

Ce sont les seules particularités historiques et

anecdotiques qui aient marqué, pour nous, la phase du préfectorat de M. Edmond Adam.

Au point de vue politique n'omettons pas de lui tenir compte de la condescendance qu'il témoigna aux fauteurs de la tentative du 31 octobre 1870.

. . . .

M. Cresson, avocat à la cour d'appel, succéda à M. Edmond Adam dans d'assez singulières circonstances. Ce fut en quelque sorte un préfet de police malgré lui, comme on va le voir.

L'honorable avocat se trouvait chez le gouverneur de Paris lorsque les membres du gouvernement exprimèrent, devant lui, leur embarras pour découvrir un homme qui voulût consentir à être Préfet de police et qui, surtout, fût à la hauteur de la situation du moment.

On désigna plusieurs noms, mais aucun de ceux dont il s'agissait ne consentait à assumer une si lourde responsabilité.

M. Cresson, mû par un sentiment des plus louables, intervint alors et déclara que puisque les circonstances devenaient fort difficiles, c'était précisément un devoir pour tout honnête homme d'accepter ces fonctions redoutables et redoutées.

L'attention générale se concentra aussitôt sur l'auteur de cette déclaration, faite avec une conviction communicative.

— Eh bien, mais M. Cresson, pourquoi n'accepteriez-vous pas d'être Préfet de police, demanda le général Trochu?

Cette proposition faite « ex abrupto » troubla celui auquel elle s'adressait. Il se retrancha avec modestie derrière son manque de connaissances spéciales, se défendit énergiquement, mais on lui rappela les paroles qu'il venait de prononcer, on fit un appel chaleureux à son patriotisme, on le pressa, on le persuada; si bien que, se voyant dans l'impossibilité de pouvoir refuser, presque mis au défi, M. Cresson finit par céder aux nombreuses et amicales instances dont il était l'objet.

Il se rendit à son nouveau poste.

Alors commença pour lui une vie fiévreuse, pleine d'émotions et de dangers.

Il lui fallut jour et nuit être sur la brèche, car les ennemis du dehors et du dedans sapaient furieusement la capitale. Le bombardement commença, les vivres manquèrent, les discordes civiles se déchaînèrent et ce fut encore à la vigilante intervention de la

Préfecture de police qu'on eût recours pour parer à ces multiples et terribles choses.

C'est à ne pas croire et pourtant le fait est exact. Oui, ce fut cette administration qui organisa, dans le clocher de la Ste-Chapelle et sur les tours de St-Sulpice, un service de guetteurs de nuit chargés de signaler les incendies que le bombardement pouvait allumer.

D'autres hommes enregistraient le nombre des coups de canon tirés par chaque batterie ennemie et ceux tirés par nos propres batteries.

Ces derniers renseignements étaient fournis à l'autorité militaire.

Le pain venant à manquer, on songea au rationnement. Ce fut encore la Préfecture de police qui fut chargée de rechercher les farines et les grains en magasins.

Ce fut elle qui, sous les obus prussiens, distribua des secours aux malheureux habitants bombardés, blessés et réfugiés dans les caves.

M. Cresson prit l'initiative de cette charitable mesure ; voici dans quels termes il fit connaître sa décision :

— Je ne saurais trouver d'occasion plus naturelle pour « épurer » les fonds secrets.

Voilà une « épuration » qui fait honneur à son auteur et que personne ne songera jamais à blâmer.

Enfin cette administration, dont le plus grand nombre des agents étaient au feu, devait encore veiller à la police de la ville, au maintien des bonnes mœurs, démêler les intrigues du comité central, les manœuvres des espions, examiner les dénonciations de toutes natures venant de toutes parts, et quoique ses services fussent désorganisés, elle suffit à sa tâche au milieu de ce cataclysme effroyable où tout n'était que confusion.

Ce fut également à cette époque qu'on élabora un travail considérable sur l'esprit animant tous les bataillons de la garde nationale et sur toutes les menées politiques de ceux qui devinrent les tristes héros de la commune.

Ce travail consciencieux, impartial, ne laissait aucun doute sur l'imminence des événements que l'on vit éclater après la capitulation de Paris et que M. Cresson avait prédits au sein même du gouvernement de la défense nationale.

Qu'on relise sa déposition publiée dans l'enquête parlementaire sur le 4 Septembre et l'on verra ce que le fonctionnaire, le patriote, le vrai républicain, eurent à souffrir et à affronter de difficultés pendant ces quelques mois.

On suppose bien qu'au milieu de tous ces pénibles devoirs, de ces douloureuses préoccupations, l'anecdote n'ait tenu aucune place dans l'existence si remplie du préfet de police.

Cependant comme le comique se glisse partout et même aux heures les plus lugubres, nous retrouvons dans nos souvenirs une historiette, presque une nouvelle à la main, la voici :

C'était à l'époque où l'opinion publique fort surexcitée croyait voir des espions prussiens dans toutes les rues, dans toutes les maisons.

M. Cresson, très-occupé, travaillait dans son cabinet lorsqu'on lui passa la carte d'une artiste dramatique bien connue qui insistait vivement pour être introduite.

Le préfet de police sachant qu'on ne pouvait le déranger que pour une cause grave, donna l'ordre de faire entrer aussitôt Mlle..... (ma foi, soyons indiscret jusqu'au bout) Mlle Suzanne Lagier.

Celle-ci était encore sous le coup de l'émotion provoquée par une conversation qu'elle venait de surprendre quelques instants auparavant, et qui avait été tenue dans la rue des Martyrs par deux individus d'origine allemande.

Mlle Suzanne Lagier comprenant la langue tudesque, avait involontairement saisi les propos alarmants échangés entre ces hommes aux allures et aux paroles suspectes.

L'artiste accourait patriotiquement faire part au préfet de police de sa découverte.

M. Cresson prit des notes, remercia sa visiteuse, puis la fit causer comme sait causer Mlle Suzanne Lagier.

Tout-à-coup, le timbre de la sonnerie électrique reliant le cabinet du préfet avec celui de ses secrétaires retentit d'une façon furieuse.

A cet appel inaccoutumé, l'un des attachés se précipite vers la porte, l'ouvre et s'arrête discrètement sur le seuil à la vue de M. Cresson qui, d'un air attentif, écoutait la spirituelle comédienne.

Mais l'enragée sonnerie ne s'arrêtait toujours pas.

Un second secrétaire effrayé par ce carillon anormal pense qu'un accident arrive au préfet, il vole au secours de celui qu'il voyait déjà aux prises avec quelques malfaiteurs dangereux.

Il pénètre à son tour, et, à sa grande stupéfaction, il voit son collègue se retirer sans oser troubler l'entretien de M. Cresson.

Le tapis d'Aubusson avait étouffé le bruit des pas des deux attachés, dont la présence n'interrompait nullement la conversation engagée; au même moment une autre porte s'ouvrit brusquement et livra passage à un huissier tout effaré.

Aussitôt la même phrase :

— Monsieur le Préfet a appelé ? fut poussée simultanément par les secrétaires et l'huissier.

A la vue de ces trois personnages, M. Cresson stupéfait ne put que répondre négativement, mais le bruit persistant de la sonnerie parvint alors jusqu'à lui. Il comprit ce qui se passait et se prit à rire de bon cœur.

Mlle Suzanne Lagier, elle, ne saisissait rien de cette scène. Elle ne s'expliquait pas la cause de l'hilarité du Préfet de police, ni le motif de la brusque irruption de tout ce monde.

D'un coup d'œil, M. Cresson désigna aux secrétaires le coin de son bureau, où se trouvait installé le clavier de la sonnerie électrique et le mystère fut éclairci :

L'aimable artiste, dans le feu de la conversation, s'était d'abord accotée contre l'angle de la table, puis avait fini par s'asseoir dessus, et sans qu'elle s'en doutât, elle avait produit un effet de théâtre inattendu et..... sonnait..... sonnait..... comme on n'a généralement pas l'usage de sonner.

. . . .

Qu'on nous pardonne d'avoir évoqué ce souvenir qui, comme une légère fusée, traversa un ciel si noir, d'un temps déjà si loin de nous.

Chacun n'aime-t-il pas à se rappeler les choses lointaines alors qu'on retrouve en elles une impression sérieuse ou futile, durable ou éphémère ?

Donc que celui qui n'a jamais péché ainsi, nous jette la première pierre.

Nous avons dit que M. Cresson avait été nommé Préfet de police malgré lui, nous devons ajouter encore qu'il restât en fonctions contre son gré.

Séparé de sa famille, écrasé de fatigue, souffrant, M. Cresson aspirait de toutes ses forces à reprendre sa vie calme, d'intérieur et de travail. Prévoyant les tristes événements qui se préparaient, il ne voulait pas déserter le poste qu'il avait accepté par dévouement, mais il demandait avec insistance qu'on lui donnât un successeur. Ce fut vainement qu'il offrit sa démission, on ne voulut pas l'accepter.

Le Préfet de police succombait sous le poids de ses fonctions et n'avait plus la force d'affronter de nouvelles épreuves. Le chef de famille, inquiet des siens, fort du devoir accompli, ne put résister longtemps à l'impérieux désir d'aller retrouver ceux qui l'appelaient depuis de long mois. La capitulation de Paris était signée. Las d'attendre de jour en jour celui qui devait le remplacer, M. Cresson partit un beau matin à six heures, laissant la Préfecture de police entre les mains de M. Léon Renault, secrétaire général, et de M. Choppin, son chef de cabinet et son ami.

C'est ainsi que le Préfet malgré lui recouvra sa liberté.

XI

M. Choppin, délégué aux fonctions de Préfet de police, du 11 février au 15 mars 1871. — Général Valentin, Préfet du 15 mars au 18 novembre 1871. — Abandon de la Préfecture. — Le départ pour Versailles. — Installation des services. — Le comte de la B***. — Une conspiration sans conspirateurs; singulière aventure du Sous-Préfet de X.

Le choix qui présida au remplacement de M. Cresson indiquait clairement les dispositions du gouvernement à la résistance.

La nomination du général Valentin à la Préfecture de police était en effet un symptôme significatif.

La lutte entre le parti de l'ordre et l'émeute devenait imminente.

Ancien colonel de la garde de Paris, le général Valentin avait conquis ses grades un à un à la pointe de son épée.

Ce brave et excellent officier supérieur quitta le

commandement de la redoute des Hautes-Bruyères, qu'il avait défendue contre les Prussiens, pour venir prendre position à la Préfecture de police et la défendre contre les ennemis de l'intérieur.

Homme de cœur et d'énergie, c'était un véritable soldat dans toute l'acception du terme. Il apporta dans les fonctions civiles cet esprit d'autorité et cette initiative résolue qui caractérisent les chefs de l'armée.

Artisan de sa propre fortune, il n'avait pas oublié ses débuts. Avant de savoir commander, il avait appris à obéir. Aussi sut-il bien vite se faire craindre et aimer tout à la fois.

Il menait militairement et paternellement son personnel administratif.

Le nouveau Préfet de police ne savait pas ou ne voulait pas dissimuler ses impressions, il les manifestait avec une brusquerie toute militaire.

De haute stature, de forte corpulence, il inspirait à première vue le respect et la sympathie.

Les traits vigoureusement accentués, le front large, élevé, le nez un peu fort, de petits yeux bruns, fins et vifs, une forte moustache noire avec une impériale formaient l'ensemble de cette martiale physionomie, sur laquelle se lisaient l'énergie et la bonté.

Les terribles désastres de nos armées causèrent au général Valentin une patriotique et douloureuse indignation, qui lui fit maudire bien souvent le prisonnier de Wilhemshoë. La mort, la captivité de bon nombre de ses frères d'armes, lui arrachèrent des imprécations contre Napoléon III, qu'il flétrissait en termes cruels et un peu trop soldatesques pour qu'il nous soit permis de les rapporter.

Quoi qu'on en ait dit, le général Valentin était rallié entièrement au régime républicain.

Au point de vue administratif, ah! dame, le quatrième Préfet de police de la République menait les affaires et le personnel rondement, comme en campagne.

Il n'aimait ni les finesses, ni les lenteurs. Il avait horreur de la délation et lorsqu'il recevait une lettre anonyme il la déchirait avec mépris, souvent même avant de l'avoir lue.

Le Préfet fut ce qu'était le général, c'est-à-dire, un homme aimant les situations nettes, allant droit au but, comme un boulet de canon, sans se préoccuper de ce qui se trouvait sur sa route.

Il parlait, marchait, toussait, criait, grondait, militairement, mais une fois en dehors du service, sa grosse voix s'adoucissait, son épaisse moustache laissait voir un bon sourire et le préfet croquemitaine devenait l'homme le meilleur, le plus affable et le plus accessible.

Nous somme sûrs que si dans sa retraite de Meung-sur-Loire, le général lit par hasard ces quelques lignes, un peu irrévérencieuses, il nous pardonnera en souvenir de l'époque où fraternellement et démocratiquement, il réunissait chaque jour son état-major administratif à sa table, et où il riait de si bon cœur avec ses convives des quiproquos de Mlle Philomène, la jolie petite bonne de l'hôtel de France à Versailles.

Le 18 mars trouva donc le général Valentin résolu à la résistance et prêt à tout sacrifier pour vaincre la Commune menaçante.

Le plan des fédérés, connu depuis longtemps, avait été élaboré et arrêté dans les dernières années de l'Empire.

C'était le même que celui que les Républicains avaient organisé contre Napoléon III, alors qu'ils étaient déjà embrigadés par « décuries et centuries. »

Ce plan consistait à se porter simultanément sur l'Hôtel-de-Ville, la Préfecture de police, les Tuileries, à chasser ceux qui s'y trouvaient, à installer les délégués du comité central et à proclamer enfin le nouveau gouvernement... communal.

L'insuccès de la reprise des canons, la défection d'une partie des troupes régulières et de la garde nationale ne purent modifier les dispositions du Préfet de Police dont la résistance, si elle eût été alors approuvée et appuyée, aurait assuré le succès de la cause de l'ordre.

Il faut le déclarer hautement le général Valentin et M. Jules Ferry furent les seuls fonctionnaires qui, dans ce jour néfaste, montrèrent la plus grande énergie et tinrent pour le parti de la défense, alors que le gouvernement de M. Thiers optait pour l'abandon de la capitale.

Les dépêches échangées jusqu'à la dernière heure entre les deux Préfets ne laissent aucun doute à ce sujet, M. Jules Ferry ne voulait pas évacuer l'Hôtel-de-Ville, il désirait s'y maintenir avec les forces qui y étaient réunies.

De son côté le général Valentin était décidé à s'enfermer dans les bâtiments de la place Dauphine et à s'y défendre jusqu'à la dernière cartouche.

La situation topographique de la Préfecture de police offrait du reste un redoutable point stratégique qu'il eût été facile de défendre longtemps à l'aide des batteries de mitrailleuses parquées depuis une quinzaine de jours dans la cour de la Sainte-Chapelle.

Ces mitrailleuses placées à la tête de chaque pont de l'île de la cité, eussent permis de balayer et de préserver les abords de ce quartier de Paris, la rive gauche de la capitale n'étant pas encore au pouvoir de l'insurrection.

Mais par suite d'une mesure inexpliquée, cette artillerie appartenant à la garde nationale quitta le Palais de Justice, la veille ou le jour même du 18 mars.

Le général Valentin prit néanmoins toutes ses dispositions pour sauvegarder la Préfecture de police.

Le samedi 18, à six heures et demie du soir, il se tenait avec M. Ansart, chef de la police municipale, dans la cour de la rue du Harlay, sur les marches de l'escalier faisant face à la place Dauphine.

Il indiquait les endroits que devaient occuper les gardiens de la paix.

— « Vous placerez ici, disait-il en désignant l'esca-
« lier, cinquante hommes auxquels on distribuera dix
« paquets de cartouches à chacun. Puis, vous éche-
« lonnerez le restant de vos forces jusqu'à la porte de
« mon propre cabinet. »

A ce moment, nous intervînmes afin de prévenir le Préfet que M. Choppin avait une communication extrêmement urgente à lui faire de la part de M. Thiers.

Nous regardâmes alors l'horloge placée au-dessus de l'escalier, que nous ne devions plus revoir, les aiguilles marquaient six heures trente-cinq minutes.

Le général remonta vivemeut avec M. Ansart et se rendit dans son bureau, où il était si impatiemment attendu.

Les principaux chefs de service y étaient réunis, ils tinrent une dernière et courte conférence avec le Préfet. Les nouvelles devenaient de plus en plus rares et de plus en plus inquiétantes. Les bandes de Belleville s'ébranlaient déjà pour descendre sur les deux Préfectures.

M. Choppin annonça la décision de M. Thiers, on devait rallier les gardiens de la paix et quitter Paris immédiatement. Des ordres dans ce sens furent donnés à la hâte.

Au bout d'une demi-heure d'attente et surpris de n'entendre aucun bruit dans le cabinet du général, je pénétrai dans cette vaste pièce. Je la trouvai absolument vide.

Je poussai la porte du salon contigu, personne. Je traversai la chambre à coucher du Préfet, personne encore. J'arrivai à la salle à manger, le couvert y était dressé, mais là comme ailleurs je vis l'appartement abandonné.

Le maitre d'hôtel m'apprit enfin que le général Valentin venait de partir, emportant simplement un morceau de pain à l'intérieur duquel il avait placé une mince tranche de jambon.

C'en était fait, la Préfecture de police était évacuée !

Trois heures après, le général Duval, à la tête de son ignoble bande communarde, s'asseyait à la table préparée pour le général Valentin, et inaugurait la série des saturnales si chères à ces ilotes ivres de vin et de sang.

Presque au même instant, huit ou neuf cents gardiens de la paix, sous les ordres de leurs chefs, quittaient leurs femmes, leurs enfants, et se massaient silencieusement à l'École militaire.

Le général Valentin et M. Thiers, au milieu d'eux, sortirent de Paris et se dirigèrent nuitamment sur Versailles.

Contrairement aux Hébreux qui, jadis dans leur fuite en Égypte, virent la mer Rouge se retirer devant eux, la petite colonne, forte à peine d'un millier d'hommes, fuyait les flots furieux de cette « mer rouge » menaçant la nouvelle Babylone.

Quelques jours après, ces mêmes gardiens de la paix, avec l'aide des gendarmes, sauvèrent l'Assemblée et le Gouvernement de Versailles, en opposant une digue insurmontable à dix mille fédérés qui assiégèrent le pont de Sèvres pendant toute une journée.

L'installation de la Préfecture de police à Versailles fut d'autant plus sommaire qu'on ne la croyait que fort momentanée.

L'aile gauche du château servit de refuge aux services dirigés par le général Valentin, qui s'établit avec ses subordonnés dans la galerie dite des Aquarelles.

M. de Bullemont, chef de la division de la comptabilité avait sauvé la caisse de l'administration contenant une somme de 200,000 francs environ.

Cette précieuse ressource, enlevée à la voracité des communards, servit à parer aux premières conséquences d'une situation difficile et imprévue.

Une dizaine d'employés du cabinet du Préfet et les chefs de division de l'administration composaient tout le personnel.

Ces seuls éléments suffirent aux exigences et permirent d'organiser un service fonctionnant avec une activité qui s'accrut de jour en jour, d'heure en heure, activité à laquelle on ne saurait réellement trop rendre hommage.

Chacun se multipliait, aussi grâce au zèle de tous on obtint des résultats étonnants, surtout quand on songe que moyens d'action, archives, employés, tout était resté à Paris.

Non-seulement, il fallut surmonter les embarras du présent ou du lendemain, mais on dut encore s'occuper de ce personnel considérable laissé dans la capitale : directeurs et gardiens de prisons, commissaires de police, inspecteurs, employés des bureaux, des services de la navigation, du dispensaire, des halles et marchés, de l'inspection des voitures etc., etc., en un mot, il fallait donner des instructions à tout ce monde administratif, veiller à ses intérêts et l'utiliser au moment nécessaire.

Nous nous abstiendrons de relater les difficultés vaincues, car ce serait entreprendre un vrai panégyrique et courir le risque de nous entendre dire : « Vous êtes orfèvre, M. Josse. » Revenons donc bien vite à nos anecdotes.

Nous avons déjà parlé de l'avantage qu'il y a à ne pas changer trop fréquemment certains fonctionnaires et chefs de service spéciaux de la Préfecture de police. Le fait suivant va nous servir de démonstration et montrera combien l'impudence de certains individus dépasse tout ce que l'esprit des honnêtes gens peut imaginer.

Un certain comte de la B***, d'origine noble et d'une famille fort honorable, eut, sous l'Empire, de fréquents démêlés avec la justice qui lui valurent, soit en police correctionelle, soit en cour d'assises, plusieurs condamnations dont il parvint toujours à se faire plus ou moins largement grâcier.

A la faveur des événements qu'entraîna le quatre septembre, le comte de la B*** réussit à se glisser dans l'état-major du général Vinoy, et se fit nommer chevalier de la Légion d'honneur.

C'était du reste un homme très intelligent, très remuant, ayant grand air, des allures hardies et une belle prestance.

A cette époque troublée, le nom du comte de la B*** ou plutôt l'odieux passé qui s'attachait à ce nom, n'avait éveillé aucun souvenir dans l'esprit de personne. En eût-il été autrement qu'on n'aurait jamais pu croire qu'un homme aussi flétri avait l'audace de s'introduire dans les rangs de nos sommités militaires.

Il se croyait donc parfaitement oublié et, après la

Commune, il vint se réfugier dans la splendide propriété que M. de X. possédait à Versailles.

Là, le comte de la B*** se lia avec bon nombre de députés, se remua beaucoup et chercha surtout à se rapprocher de M. Thiers, qui accueillait un peu trop facilement tout le monde.

Où voulait-il en arriver? On le sut bien vite.

Notre personnage avait eu des relations avec des hommes assez tarés, mêlés indirectement aux affaires de la Commune, il prétendit révéler au chef de l'Etat un complot ourdi sous les yeux mêmes de « l'impuissante et ignorante police. »

A cet effet, il s'introduisait partout, multipliait ses visites, ses démarches et interpellait presque sur un ton de familiarité blessant le général Valentin, qu'il finit par impatienter.

Le Préfet de police voulut savoir ce que cachait toutes ces manœuvres.

Le chef du service spécial attaché au cabinet reçut des ordres à ce sujet. Le nom du fameux comte éveilla dans son esprit des souvenirs un peu confus, et il crut se rappeler que le singulier personnage, dont il allait s'occuper, devait posséder un casier judiciaire loin d'être vierge.

La vérification eût été facile et prompte si les sommiers eussent été à Versailles au lieu d'être restés à Paris.

Mais la *Gazette des Tribunaux* suppléa à cette insuffisance de renseignements, la collection feuilletée avec soin révéla tout le passé de l'impudent intrigant. Ce n'était pas assez, car il importait encore de s'assurer s'il y avait réellement identité entre le comte de la B***, chevalier de la Légion d'honneur, et le repris de justice portant le même nom.

Pour cela, il fallait l'aborder dans de certaines conditions que les circonstances ne tardèrent pas à faire naître.

Le comte s'étant aperçu qu'il était surveillé (et c'était à dessein qu'on avait négligé des précautions élémentaires), se plaignit hautement au général Valentin d'être l'objet de l'attention de ses agents. Le Préfet l'accueillit froidement et lui répondit que ne sachant rien de précis à cet égard, il s'informerait et lui enverrait le fonctionnaire chargé des affaires de cette nature.

Le lendemain, l'officier de paix attaché au cabinet se présentait au domicile du comte et lui faisait passer sa carte. Au bout d'une attente assez longue, notre personnage arriva, l'air rogue, impertinent et débita tout d'une traite, une série de récriminations, de plaintes au sujet de la surveillance exercée sur sa personne.

L'officier de paix, après l'avoir écouté pendant quelques instants l'interrompit brusquement par ces mots :

— Pardon, M. le comte, mais si mon nom ne vous rappelle rien, vous me reconnaissez peut-être ?

— Nullement.

— Eh bien, reprit l'officier de paix, je suis l'ancien secrétaire de M. D***, le commissaire de police qui a instruit la dernière affaire pour laquelle vous avez été condamné à cinq ans de prison.

Atterré par cette révélation, de la B*** se laissa tomber sur un siége et s'écria les yeux au ciel :

— Mon Dieu, est-ce que mon passé va renaître et se dresser devant moi !

Le ton dramatique et un peu forcé de cette exclamation convainquit le fonctionnaire de la Préfecture de police que le comte était aussi préoccupé de ménager l'avenir que de dissimuler le passé; aussi n'hésita-t-il pas à répondre à cet audacieux chevalier d'industrie.

— Parfaitement, monsieur, et vous voudrez bien, à partir de ce jour, vous abstenir de porter les insignes de la Légion d'honneur. Quant aux manœuvres auxquelles vous vous livrez depuis un mois, afin de faire croire à l'existence d'un complot imaginaire, apportez-moi demain toutes les preuves que vous dites posséder, ou sinon vous serez immédiatement démasqué.

Le lendemain, le comte de la B*** fut exact.

De complot, il n'en existait pas, il ne s'agissait que d'une misérable invention concertée avec deux autres aventuriers, et avant la fin de l'entretien le comte offrait ses services occultes!...

Quelque temps après il était arrêté pour faux et condamné aux travaux forcés à perpétuité.

Grâce à l'intervention de l'officier de paix, qui avait reconnu l'ancien repris de justice sous l'extérieur distingué de ce singulier gentleman, M. Thiers évita une promiscuité indigne du chef de l'Etat et dans laquelle l'eussent entraîné, inconsciemment, certains personnages de son entourage.

Un autre complot, offrant des caractères de vraisemblance plus sérieux que celui dont nous venons de parler, se produisit à quelques semaines de là.

Le dénouement de cette nouvelle affaire eut autant d'imprévu que de gaieté.

Par suite d'un concours de circonstances inutiles à relater ici, un ancien inspecteur de police, attaché sous l'Empire à la brigade du château, fut arrêté à Paris comme se livrant à des manœuvres politiques dans l'intérêt du parti bonapartiste.

La perquisition de rigueur opérée au domicile de cet homme amena la découverte de quelques lettres signées : Durand ou Martin.

Les termes de cette correspondance étaient vagues, énigmatiques. On y parlait d'entrevues discrètes, de difficultés à vaincre pour atteindre le but, du choix d'une maison isolée où l'on pût se réunir sans danger, bref, on retrouvait là le langage des conspirateurs prudents, cherchant à dissimuler leurs projets et se trouvant dans la nécessité d'échanger des communications écrites.

En outre, quoique les lettres saisies portassent le timbre de la poste d'une petite ville de l'Ouest, on remarqua qu'elles étaient toutes datées d'une modeste localité du Nord que nous ne pouvons nommer.

Les précautions présidant à l'envoi de cette correspondance lui donnaient un caractère fort suspect.

La personnalité de l'ancien agent du château, les attaches qu'on lui connaissait et qu'il ne niait pas, enfin, le silence obstiné dans lequel il se renfermait à l'égard de ces lettres présentaient une certaine gravité, et rendaient très vraisemblable l'hypothèse d'une conspiration.

Le général Valentin reçut l'ordre de faire rechercher activement les signataires des lettres compromettantes et de faire arrêter les sieurs Durand et Martin s'ils étaient découverts.

Un mandat d'amener et de perquisition fut remis, dans ce but, à l'officier de paix du cabinet chargé de suivre de très près ces menées mystérieuses.

Ce fonctionnaire, accompagné d'un agent, partit sans autres indications qu'un nom douteux et banal de Durand ou de Martin.

Afin de lui rendre sa tâche plus facile et d'éviter une ingérence précipitée ou mal combinée de l'autorité locale, on lui laissa la latitude de procéder seul à toutes les recherches utiles ou d'avoir recours, quand il le jugerait nécessaire, au sous-préfet de X***.

A peine débarqué à X*** l'envoyé du Préfet de police s'empressa de s'assurer, auprès des facteurs de la poste, si des personnes du nom de Durand ou de

Martin n'habitaient pas dans la ville et les faubourgs.

Ayant obtenu quelques indications, il chargea aussitôt l'agent qu'il avait amené avec lui d'en vérifier l'exactitude et d'examiner discrètement la situation des personnes désignées. Il se réservait avant d'agir de s'inspirer et des circonstances et des renseignements recueillis.

Ensuite, prévoyant que les recherches aboutiraient promptement, et que le concours de l'autorité deviendrait utile, il jugea opportun de prendre les devants. Il se rendit donc à la sous-préfecture de X*** avec l'intention de faire connaître dans son ensemble, sinon dans ses détails la mission dont il était chargé.

Le sous-préfet, jeune homme du meilleur monde, joli garçon, reçut le fonctionnaire de la Préfecture de police avec un empressement et une bonne grâce d'excellent augure.

Après avoir pris connaissance de la lettre qui accréditait l'officier de paix auprès de lui, il se montra impatient, curieux de connaître l'affaire dont il s'agissait.

Il procéda d'abord par une série de questions discrètes, puis ensuite il devint de plus en plus pressant.

Songez donc, un complot bonapartiste dans l'arrondissement de X***! M. Thiers s'occupant de cette sombre machination! La police de Paris, déléguant l'un de ses chefs de service! Quel événement!

Quelle superbe occasion pour un sous-préfet de se distinguer, de prouver son zèle aux institutions républicaines et d'obtenir, par un coup d'éclat, cet avancement que l'on rêve toujours et qui si souvent, hélas! n'arrive jamais. Et ces services exceptionnels qui vous valent d'emblée ce petit ruban si convoité et les journaux lançant aux quatre coins de la France le nom de Monsieur le sous-préfet de X**, l'énergique, l'intelligent fonctionnaire qui vient de découvrir les fils de cette criminelle intrigue bonapartiste.....

Quel succès, quel triomphe! Quelle gloire!

Toutes ces pensées s'éveillaient, s'agitaient, dans l'esprit du brillant sous-préfet. Tous ces mots bourdonnaient joyeusement à ses oreilles, son heure allait enfin sonner!

L'œil du futur préfet, du futur conseiller d'État, s'illuminait, ses narines frémissaient comme les ailes impatientes du ramier voulant prendre son vol, un délicieux incarnat empourprait ses joues; il redressait sa taille pour se grandir.

Ah! en vérité, M. le sous-préfet de X*** était beau à voir ainsi.

Et quand il parla, oh! que de chaleur, que de conviction, il mit dans ses paroles.

Il pria instamment son visiteur de lui fournir, sans retard, tous les détails connus de cette révoltante machination, car il fallait à tout prix en découvrir les auteurs. Pour lui, il n'aurait plus de repos avant qu'il n'eût réussi dans une entreprise dont il se chargerait volontiers seul.

L'officier de paix se tenait encore un peu sur la réserve, mais devant ces dispositions, il n'hésita plus à confier tout ce qu'il avait à dire.

Au fur et à mesure qu'il parlait, il remarqua — à sa grande surprise — que l'intérêt du sous-préfet semblait se refroidir visiblement.

Le représentant du gouvernement à X*** se montrait moins empressé dans ses questions, sa physionomie se rembrunissait à vue d'œil, et à diverses reprises il interrompit la conversation par ces phrases pleines de doute :

— Ah! vous ne trouverez pas ici le Martin ou le Durand que vous cherchez. Je n'en connais pas. Il n'y en a pas, et puis tout cela n'est pas sérieux.

Etonné de voir avec quelle persistance le sous-préfet avait cherché d'abord à connaitre l'affaire dans ses moindres détails et s'efforçait ensuite d'en contester l'importance, l'officier de paix supposa que ce changement subit était dû au dépit qu'éprouvait l'autorité locale de voir la police parisienne s'immiscer dans une cause qu'elle avait espéré se réserver.

Afin d'éclaircir la chose, l'envoyé du général Valentin résolut de brûler ses vaisseaux, car il ne s'était pas encore entièrement livré. Il apprit donc au sous-préfet qu'un homme était arrêté à Paris, qu'une correspondance importante avait été saisie, et que bien que cet individu eût gardé le silence jusque-là, il se déciderait prochainement — s'il ne l'avait déjà fait — à nommer l'auteur des lettres incriminées et à donner l'explication de leur contenu.

A ce moment, le jeune représentant de l'autorité à X***, se leva vivement de son fauteuil, arpenta son cabinet à pas pressés, puis, au bout de quelques secondes de cette gymnastique animée, il s'arrêta brusquement devant l'officier de paix, et comme un homme venant de prendre une grave détermination, il dit à mi-voix :

— Il est inutile que vous poussiez vos investigations plus loin, l'homme que vous cherchez, c'est moi!

On juge de la stupéfaction produite par cet aveu. Quoi, le fonctionnaire qui, dix minutes auparavant, protestait de son dévouement, de ses convictions politiques, qui se jurait de découvrir les conspirateurs et voulait mettre toute la gendarmerie sur pied, c'était lui, lui, le coupable! Son attitude embarrassée, son visage pâle, ses yeux éteints confirmaient, hélas! les paroles qu'il venait de prononcer. Oh! en vérité, que M. le sous-préfet de X*** était donc piteux à voir ainsi!

— Comment, reprit le délégué du Préfet de police, vous êtes l'auteur des lettres portant les signatures de Durand et de Martin, adressées au sieur Y***, actuellement arrêté?

Un « oui » étranglé, répondit à cette question.

— Mais alors, si on prête à ces lettres le sens qu'elles semblent vouloir cacher, vous conspiriez donc avec cet individu?

— Oh non, protesta le pauvre sous-préfet. Il ne s'agit d'aucune conspiration. Je vais vous donner l'explication de ce déplorable imbroglio :

Ce fut avec une résignation pleine de tristesse et de confusion qu'il poursuivit ainsi :

— J'ai entretenu des relations intimes avec une

femme mariée, mais l'éternelle maladresse, qui compromet tous les amoureux, a failli récemment nous perdre. Une ou deux lettres nous ont été dérobées et nous nous sommes vus menacés de voir remettre au mari ces preuves de notre liaison. Devant ce danger, j'ai songé à Y***, que j'avais connu autrefois et que je croyais intelligent. Je le chargeai de me faire rentrer en possession de ces dangereuses missives.

— Mais, interrompit l'officier de paix, comment expliquez-vous les entrevues projetées, les précautions à prendre, la maison à trouver?

— D'une façon toute naturelle. Pour revoir la personne dont je viens de parler, ne fallait-il pas nous entourer d'une extrême prudence et nous assurer un lieu de rendez-vous où nous fussions à l'abri de toute surprise, de tout danger?

Cette justification semblait fort plausible; mais au point de vue du mandat confié au représentant de la police parisienne, il fallait autre chose qu'un simple récit.

D'abord on sortait d'une époque fort troublée et ces explications pouvaient réellement cacher des menées bonapartistes qui, après tout, n'eussent pas constitué un fait si anormal, si extraordinaire.

Revenir à Paris les mains vides, c'était vraiment

scabreux et pourtant, à moins d'arrêter le sous-préfet dans son cabinet — ce qui n'eût pas manqué d'originalité — il fallait absolument chercher une autre solution.

Elle ne fut pas longue à trouver, car après quelques paroles échangées, le fonctionnaire amoureux, l'air déconfit, écrivit, puis mit sous enveloppe à l'adresse du général Valentin un pli par lequel il se reconnaissait l'auteur de la correspondance saisie à Paris. Il joignit à son envoi les lettres les plus explicites qu'il avait reçues de l'ancien agent Y...

Ce que nous ne saurions décrire à présent, c'est l'étonnement du Préfet de police et du Procureur de la République lorsqu'ils reçurent la dépêche télégraphique leur annonçant intentionellement en style ambigu : que le coupable laissé libre était un fonctionnaire du gouvernement et qu'il n'y avait au fond de tout cela qu'une histoire de femme.

Or, c'était vingt-quatre heures seulement après son départ que l'envoyé du général annonçait cet étrange résultat, alors que tout faisait supposer qu'il faudrait de patientes investigations pour débrouiller cette intrigue. Le retour de l'officier de paix était impatiemment attendu, car on avait hâte de connaître les moindres incidents de cette bizarre aventure.

M. Thiers fut tellement surpris du récit qu'on lui fit qu'il voulut l'entendre de la bouche même de celui qui avait recueilli la confession du pauvre sous-préfet de X***.

Le hasard avait eu le bon esprit de se mêler, une fois de plus, de ce qui ne devait pas le regarder, sans quoi, Dieu sait ce qu'auraient duré les recherches et quelles complications elles n'auraient pas produites.

La seule autorité établie et reconnue contre laquelle le sous-préfet de X*** avait dûment conspiré, était celle d'un infortuné mari. L'intrigue politique se réduisait à une intrigue amoureuse, et le seul pouvoir mis en cause ignora naturellement les atteintes dont il avait eu à souffrir.

Quant au coupable, effrayé des services exceptionnels qu'il aurait pu rendre à l'administration, il quitta la carrière administrative, le fonctionnaire devint un simple rentier et le célibataire devint... mari à son tour, tant il est vrai que dans la vie, comme au théâtre, le mariage est la fin de tous les romans.

Ainsi se termina l'histoire de cette conspiration... sans conspirateurs.

. . . .

Le nom de l'intendant Brissy, récemment remis en

lumière, donne un regain d'actualité au fait suivant, qui se passa dans le courant de juin ou de juillet 1871.

Le Préfet de police résidait encore à Versailles, siège du gouvernement, mais afin de suivre plus étroitement la marche des affaires et la réorganisation de ses services, il se rendait fréquemment à Paris.

Un jour donc, qu'il était venu dans la capitale, et qu'après avoir passé la journée à travailler il se disposait à prendre le train devant le ramener à Versailles, il vit entrer son secrétaire qui, d'un ton assez ému, lui annonça que deux gendarmes escortant l'ex-intendant Brissy, attendaient dans une pièce voisine qu'on leur signât le reçu de leur prisonnier ou qu'on leur désignât l'endroit où ils devaient le conduire.

Le secrétaire n'étant nullement au courant des dispositions à prendre, demanda les ordres du général Valentin. Celui-ci, debout, le chapeau sur la tête allait partir. Il s'arrêta un instant, puis se conformant aux instructions spéciales qu'il avait reçues du gouvernement, il dicta à la hâte ces quelques lignes.

« Le sieur Brissy, condamné à mort par le conseil
« de guerre de Marseille, est autorisé à subir provisoi-
« rement sa peine dans la maison de santé du docteur
« Duval, sise rue du Dôme, à Passy. »

Pressé par l'heure, le Préfet mit rapidement son paraphe au bas de ce singulier ordre d'envoi, dont il recommanda surtout de presser l'exécution.

Habitué à une obéissance prompte, passive, le général voulait que ses ordres s'exécutassent sans délai. Le secrétaire plein de zèle, s'empressa de remettre aux gendarmes le papier concernant l'intendant Brissy. Ce dernier, quelques secondes après, montait en voiture avec ses deux gardiens et roulait vers l'Arc-de-Triomphe, tandis que le Préfet de police roulait vers la gare Montparnasse.

Mais ce double départ était à peine effectué que le subordonné du général réfléchit à la scène qui venait de se passer et dont la durée n'avait certes pas excédé cinq minutes. Il chercha à se rappeler le libellé de la pièce qu'il venait d'envoyer et le souvenir de ces mots :

« Le sieur Brissy, condamné à mort, est autorisé à « subir provisoirement sa peine, » etc... le fit bondir.

— Non, non, se disait-il, cela n'est pas possible, le général ne m'a pas dicté et je n'ai pas écrit une telle énormité ! Et pourtant je me souviens, il y avait certainement « est autorisé, etc... »

Le pauvre garçon ne pouvait pas quitter son poste pour aller éclaicir ses doutes, aussi toute la soirée, toute la nuit, pensa-t-il à cette malencontreuse rédaction.

Le lendemain, dès qu'il vit arriver le général Valentin, il lui fit part de ses scrupules.

Le Préfet de police écouta d'un air incrédule, puis il protesta à son tour.

— Non, mon bon ami, dit-il, nous n'avons pas commis une chose semblable.

— Plus j'y songe, mon général, plus j'en ai peur, reprit le secrétaire.

— C'est impossible, vous vous trompez.

— Je ne puis parvenir à me le persuader ; mais, comme l'erreur mérite la peine d'être vérifiée, si vous le permettez, mon général, je saute dans une voiture et avant une heure je vous apporte la réponse.

— Eh bien, allez.

Arrivé dans l'établissement de la rue du Dôme, le secrétaire fut reçu par Mme Duval, dont le mari était momentanément absent.

Il se garda bien de faire connaitre le but exact de sa visite, mais voyant que le docteur ne rentrait pas, il se hasarda à demander s'il pouvait prendre communication de l'ordre d'envoi qui avait accompagné la veille l'intendant Brissy.

Mme Duval se souvint d'avoir vu cette pièce, elle la chercha sans succès lorsque le directeur de la maison de santé arriva enfin sur ces entrefaites.

Le docteur accueillit favorablement la demande qui lui fut faite et procéda à son tour à de minutieuses recherches. Mais la maudite lettre ne se trouvait toujours pas !

Le secrétaire commençait à croire que son autographe, revêtu de la signature du général Valentin, était déjà sans doute entre les mains de quelque malicieux journaliste, quand M. Duval ouvrit un tiroir rempli de papiers au milieu desquels il découvrit celui qu'il cherchait.

— Ce doit être ceci, dit-il, en tendant l'ordre d'envoi au mandataire du Préfet.

Le jeune homme prit fébrilement la feuille de papier, parcourut les lignes qui la couvraient et vit qu'il ne s'était pas trompé.

C'était écrit, parfaitement bien écrit !

« Le sieur Brissy, *condamné à mort*, est autorisé à subir provisoirement sa peine dans la *maison de santé* du docteur Duval, sise rue du Dôme, à Passy. »

— Pardon, monsieur, fit alors l'envoyé du général,

je m'aperçois d'une légère irrégularité, voudriez-vous me confier ce papier?

— Une irrégularité, répéta le docteur Duval, ma foi, je vous avoue que j'ai serré hier cette pièce sans la lire. Je ne me suis donc aperçu de rien.

Tout était sauvé! Le docteur n'avait pas lu les lignes si terriblement épigrammatiques pour sa profession et son établissement d'hydrothérapie!

Quand le Préfet de police eut sous les yeux le témoignage évident de la faute commise, il fronça fortement le sourcil, déchira la pauvre lettre en cent morceaux, puis, regardant son secrétaire avec un air narquois, il se mit à rire sans prononcer un seul mot.

Vous en souvient-il encore, mon général?

Vous le voyez, moi, je n'ai pas oublié et n'oublierai de longtemps cet épisode léger, qui égaya un instant les heures difficiles que vous avez passées à la Préfecture de police.

XI.

Réorganisation du service spécial de sûreté près le chef de l'Etat. — Les déplacements de M. Thiers. — Ce que devinrent les papiers enlevés de l'hôtel de la place Saint-Georges.

Profitons du séjour fait à Versailles, par les diverses délégations des services gouvernementaux, pour grouper quelques détails relatifs à M. Thiers et aux mesures de sûreté dont il fut l'objet.

Au moment de la répression de la Commune, des sentiments de vengeance se manifestèrent hautement parmi ceux que la justice ne pouvait atteindre et des lettres anonymes, pleines de véhémentes menaces, furent adressées en grand nombre au Président de la République.

M. Thiers qui, dans sa longue et éclatante carrière, avait donné des preuves d'une réelle énergie, méprisait ces écrits haineux et ne leur accordait aucune attention. Cependant la nécessité de veiller à la sécurité personnelle du chef de l'État s'imposait d'elle-même, et on dut réorganiser un service de police protectrice analogue à celui qui avait été créé, sous l'Empire, pour veiller sur les jours de Napoléon III.

Ce service spécial fut d'abord confié à M. Lombard, officier de paix, puis lorsque celui-ci fut attaché en 1872 au cabinet du Préfet de police, M. Blavier prit la direction de cette brigade et la conserva jusques et après la mort de M. Thiers.

Le personnel placé sous les ordres de l'officier de paix se composait d'une trentaine d'hommes chargés de surveiller, jour et nuit, les abords de la Présidence.

Chaque matin, le chef de l'Etat faisait connaître à M. Lombard les sorties qu'il avait projetées pour la journée, l'itinéraire qu'il comptait suivre et la durée présumée de ces absences. Ces indications permettaient d'exercer une étroite surveillance ne cessant qu'avec le retour du Président de la République.

L'une des promenades favorites de M. Thiers était le petit Trianon. En été, il s'y rendait régulièrement presque tous les jours.

Une fois arrivé dans le parc, il descendait de voiture, marchait pendant une demi-heure environ, s'asseyait sur un banc où il aimait à faire la sieste, puis, après un repos plus ou moins long, il regagnait à pied son équipage et rentrait.

Quoique jamais aucun fait ne vînt appuyer les menaces dont nous avons parlé plus haut, M. Thiers témoigna dans une certaine circonstance une légitime inquiétude.

L'assassinat du général Prim avait produit une sérieuse impression sur l'esprit de l'illustre libérateur du territoire.

C'était probablement sous l'empire de ce sentiment qu'il insista, un jour, auprès de M. Lombard pour que la voûte d'un pont, qu'il traversait en se rendant au petit Trianon, fût l'objet d'une attention spéciale.

— On pourrait, dit-il, se dissimuler dans l'angle de la maçonnerie et, au moment où passe la voiture, qui tient presque toute la largeur de l'arche, allonger le bras et tuer son homme facilement. »

Il avait parfaitement raison, le crime aurait pu s'exécuter tel qu'il l'indiquait.

Poursuivant le cours de ses recommandations, il termina par ce commentaire :

— Voyez-vous, deux sectes sont à craindre. D'abord les bonapartistes, mais ceux là n'iraient pas jusqu'à

11.

l'assassinat du chef de l'État, ils se contenteraient de l'enlever et de le mettre en lieu sûr (1), puis les Jacobins. Ah! ceux-ci, ajouta-t-il, avec un léger hochement de tête, tout est à redouter de leur part dans le présent et dans l'avenir. »

On a essayé, bien à tort, de critiquer ou de railler ce qu'on appelait la bourgeoise et mesquine parcimonie de M. Thiers.

Il était au contraire très généreux, très bienveillant pour tout son entourage et celui qui écrit ces lignes l'a vu souvent, au milieu des préoccupations les plus graves, interrompre ses entretiens ou ses méditations pour songer aux serviteurs de sa maison et aux soldats de son escorte.

Que de fois, au relai établi à la Celle-St-Cloud, n'est-il pas descendu de voiture, échappant aux taquineries de Mlle Jacquemart qu'il traitait avec une bonté toute paternelle, pour se diriger vers le sous-officier qui commandait l'escorte.

La scène alors prêtait toujours un peu à rire.

A l'approche du Président de la République, l'humble sous-officier prenait l'attitude la plus droite et la plus correcte.

(1) Il se souvenait sans doute de décembre 1851.

Immobile, muet, la poignée du sabre sur la hanche, il attendait qu'on lui adressât la parole.

Pendant ce temps, le chef de l'État, dont la taille exiguë était telle que même le bras levé, il ne pouvait atteindre à la hauteur de la selle, le chef de l'État s'évertuait à faire comprendre au sous-officier qu'il désirait lui remettre quelque argent pour faire rafraîchir ses hommes; mais le brave troupier, tout troublé, ne saisissait jamais immédiatement ce qu'on lui voulait.

Parfois cette mimique durait assez longtemps et M. Thiers s'en amusait toujours.

Voici une autre preuve du vif intérêt qu'il professait pour les humbles.

Le Président de la République, accompagné du général de Cissey, se rendit un jour par le chemin de fer à Rambouillet. Ce déplacement étant tout à fait inopiné, on n'avait fait venir aucune voiture à la gare d'arrivée.

M. Thiers et ses compagnons eussent été fort dépourvus si quelqu'un n'avait eu la précaution de leur procurer une calèche, qu'un habitant de la localité mit avec empressement à la disposition du grand homme d'État.

Le soir, après une excursion au château et une longue promenade dans la forêt, M. Thiers regagnait l'embarcadère escorté par les autorités locales accourues pour le saluer à son passage.

Tandis qu'il recevait les témoignages de sympathie et de dévouement de ceux qui l'entouraient, on le vit tout à coup quitter ses interlocuteurs, se diriger prestement vers le cocher qui l'avait conduit et lui remettre quelques pièces d'argent.

L'automédon eut double aubaine, car il va sans dire qu'on avait déjà pris le soin de lui donner un large pourboire.

. . . .

Désireux de donner une marque toute particulière de l'estime et de l'amitié dont il honorait M. Pouyer-Quertier, M. Thiers décida qu'il assisterait, à Rouen, à la célébration du mariage de la fille du fameux manufacturier économiste. Ce devait être le premier déplacement semi-officiel du Président de la République. Aussi était-on préoccupé de savoir quel accueil la population rouennaise réservait au chef de l'État, et quelle serait l'importance des manifestations annoncées en faveur de l'amnistie.

D'un autre côté, et quelque invraisemblable que

fût l'hypothèse, il ne fallait négliger aucune précaution pour déjouer un attentat contre la vie du vainqueur de la Commune.

Une partie du service de surveillance quitta donc Versailles et, prenant les devants, vint s'installer à Rouen.

M. Thiers arriva dans la vieille capitale frondeuse de la Normandie et reçut l'accueil le plus chaleureux, tant dans la ville proprement dite que dans le faubourg de St-Sever, quartier fort populeux et essentiellement ouvrier.

Il visita les immenses ateliers de la fabrique de M. Pouyer-Quertier, puis se rendit dans les environs de Rouen, afin d'examiner un emplacement destiné à l'installation d'un camp d'artillerie.

Partout sur son passage, on l'acclama. Il fut si heureux de ces démonstrations que, vers le milieu de la journée, il ne résista pas au désir de télégraphier à M. Barthélemy-St-Hilaire, sa quiétude et son contentement.

Rentré à Versailles le soir même, il exprimait le lendemain à M. Léon Renault, le Préfet de police, sa satisfaction de la façon discrète et constante dont le service spécial avait veillé sur sa personne.

— Je ne sais pas, dit-il, comment ils ont fait, mais partout où je suis allé, j'ai trouvé constamment M. Lombard et ses hommes arrivés avant moi et sans qu'ils aient été prévenus.

M. Thiers, comme on se le rappelle, alla passer à Trouville une partie de l'été de 1872.

Il occupait le chalet Cordier.

L'isolement relatif dans lequel se trouvait cette habitation nécessitait une surveillance protectrice, d'autant plus étroite, que des avis d'origines diverses firent naitre des craintes assez sérieuses.

Quatre hommes de la brigade attachée à la présidence occupaient la nuit, des points désignés qu'ils ne devaient abandonner sous quelque prétexte que ce fût.

M. Blavier, le chef fidèle de ce service, voulant s'assurer que ses inspecteurs étaient à leur poste et qu'aucune surprise n'était à craindre, se rendit en conséquence sur les points confiés à la garde des agents.

Il pleuvait à torrents, le ciel était noir et la nuit touchait à sa fin.

M. Blavier constata d'abord l'absence d'un homme, il poursuivit sa ronde au milieu de l'obscurité, mais à sa grande stupéfaction il n'aperçut aucun de ses inspecteurs. L'inquiétude le prit. Que pouvait-il être arrivé ?

Un agent, deux à la rigueur auraient pu s'endormir, abandonner la place, mais quatre à la fois, c'était inexplicable !

M. Blavier fouillait le jardin, allant, venant, courant sous la pluie, lorsque tout à coup en passant près du pavillon, il s'entendit appeler par son nom.

C'était M. Thiers, qui selon ses habitudes matinales et laborieuses n'avait pas attendu l'aube pour se mettre au travail.

Voyant l'allure inquiète de son vigilant gardien, il lui dit : — Vous cherchez vos hommes, monsieur Blavier ? Eh bien, il sont là, dans mon cabinet ; vous comprenez que je ne pouvais pas les laisser dehors par un temps pareil.

Les quatre inspecteurs étaient en effet confortablement installés dans un coin du cabinet du Président de la République, et celui-ci eut beaucoup de peine à calmer le malheureux M. Blavier, qui n'admettait pas que personne se permit de transgresser un ordre donné par lui.

M. Thiers parvint pourtant à l'apaiser et promit avec bonhomie de ne plus recommencer.

Quant aux agents on leur acheta le même jour des manteaux en caoutchouc.

. . . .

On s'est préoccupé pendant longtemps de ce qu'avaient pu devenir les papiers appartenant à l'éminent historien du « *Consulat et de l'Empire,* » et abandonnés par lui le 18 mars dans son hôtel de la place St-Georges.

Beaucoup de personnes ignorent encore que ces pièces, d'un haut intérêt historique et politique, ont été détruites dans l'incendie des Tuileries ; aussi nous paraît-il intéressant de rapporter comment on parvint à acquérir cette certitude.

Peu de temps après la rentrée des troupes à Paris, le bruit se répandit que des insurgés, réfugiés à Londres, avaient en leur possession toute la correspondance de M. Thiers avec la famille d'Orléans et se disposaient à livrer à la publicité des documents extrêmement curieux.

Il y avait tout lieu de croire à l'exactitude de ce renseignement, car si les communards n'avaient pas pillé complètement la fameuse maison de la place St-Georges, les papiers du moins avaient entièrement disparu, sans qu'on sût par qui ils avaient été enlevés. Il était donc présumable que les détenteurs des documents volés chercheraient à tirer le parti le plus fructueux possible de leur larcin.

On ne possédait aucune donnée certaine et aucune proposition amiable ou comminatoire ne se produisait.

Pourtant le bruit persistait et il prit une telle consistance qu'on se résolut à « creuser l'affaire. »

D'habiles agents furent à cet effet expédiés à Londres. Grâce à leur intelligence et aux indices qu'ils recueillirent, ils parvinrent à retrouver la piste d'une petite valise en cuir, de forme particulière, qui ne quittait jamais le cabinet de M. Thiers et dans laquelle ce grand homme politique plaçait les papiers importants, les objets précieux qu'il emportait toujours avec lui dans ses déplacements.

Cette première indication permit de suivre, une à une, les nombreuses pérégrinations auxquelles la valise avait été livrée. De réfugiés en « public house, » de « public house » en prêteurs sur gages, les agents finirent par la découvrir chez un « penbroker » (brocanteur), où elle était venue s'échouer, intacte, mais absolument vide.

Après avoir retrouvé le contenant, il fallait savoir ce qu'était devenu le contenu.

Pour arriver à ce résultat on reprit alors à rebours toutes les étapes parcourues par la malle, et on acquit promptement la certitude qu'elle avait été apportée à Londres, garnie simplement de lingerie et d'objets de toilette appartenant à un réfugié. Celui-ci se prêta obligeamment aux investigations de la police parisienne.

Aussi, afin de reconnaître le concours de cet homme qui avait tenu à se justifier personnellement de tout soupçon de vol, l'emmena-t-on à Paris, où il vécut paisiblement pendant un mois, après quoi il reprit avec philosophie le chemin de l'exil.

On doit rendre hommage à l'honnêteté de ce réfugié. Ce fut à lui qu'on dut d'être fixé sur le sort des papiers de M. Thiers. Ils avaient été transportés aux Tuileries, où ils devinrent la proie des flammes.

Il n'est pas inutile de faire ressortir que depuis cette époque, on n'a jamais entendu parler de ces documents précieux ; il est certain aujourd'hui qu'ils ont été avec tant d'autres richesses, dévorés, hélas ! par le feu.

XII

M. Léon Renault, du 18 novembre 1871 au 10 février 1876. — Reconstitution des sommiers judiciaires et des archives administratives. — Réformes économiques. — Enquête sur les Bonapartistes. — Pièces de cinq francs à l'effigie de Napoléon IV.

M. Léon Renault, préfet du Loiret, fut appelé par M. Thiers à succéder au général Valentin.

Le nouveau Préfet de police avait déjà rempli, pendant le siège, les fonctions de secrétaire général de l'administration qu'il allait diriger. Il connaissait donc les principaux rouages de la vaste machine si profondément atteinte par les événements qu'on venait de traverser.

Le calme matériel venait d'être chèrement rétabli, il ne s'agissait plus de trancher, il fallait recoudre et reconstituer, créer en quelque sorte une nouvelle administration.

Tout avait été détruit, anéanti dans l'incendie de la Préfecture de police : sommiers judiciaires, archives de toute nature. La nécessité de rétablir le passé d'une masse d'individus qui se croyaient alors à l'abri de vérifications rétrospectives, s'imposait plus que jamais.

Les services n'existaient plus qu'à l'état rudimentaire ; on devait abandonner les traditions du régime précédent, tout en conservant les éléments constitutifs d'une organisation administrative aussi délicate que complexe.

L'œuvre était ardue et M. Léon Renault justifia hautement la confiance dont l'honorait le Président de la République.

Depuis M. Delessert, la Préfecture de police ne reçut jamais une impulsion plus ferme, plus sage, plus intelligente que celle que sut lui donner le jeune préfet à peine âgé de trente-trois ans.

Esprit aux idées larges, il montra à ses subordonnés l'exemple de l'activité, du travail et inspira à tous confiance et dévouement.

Affable et énergique tout à la fois, ceux qui eurent

l'honneur de l'approcher n'oublieront jamais le charme et la persuasion de sa parole éloquente.

Nul mieux que lui ne savait étudier rapidement une affaire. Il étonna souvent des spécialistes — hommes d'expérience et de savoir placés sous ses ordres, — par sa rapidité de conception et son aptitude à résoudre un point litigieux ou délicat. L'avocat reparaissait alors sous le Préfet de police.

Excellent administrateur, on lui dut sans conteste les plus utiles réformes apportées depuis la chute de l'Empire dans les services de la Préfecture.

Pressentant les tendances qui devaient s'accentuer plus tard et qui s'affirment aujourd'hui d'une façon si fâcheuse au sein du Conseil municipal, M. Léon Renault alla au-devant des économies raisonnables à opérer sur le budget de son administration.

Il comprit qu'après l'immense sacrifice que la France avait dû s'imposer pour le rachat de son territoire occupé par l'ennemi, chacun devait donner à la nation l'exemple de l'abnégation et de l'économie. Il renonça spontanément à la somme de 10,000 francs, qui lui était allouée en dehors de ses appointements, à titre de frais de représentation.

Se rendant compte du maximum des concessions

possibles à faire au Conseil municipal, il sut en quatre années alléger le budget de la Ville de Paris de plus de 600,000 francs.

S'il fût resté plus longtemps dans son poste, il eût certainement, et peut-être victorieusement, résisté aux exigences croissantes et incessantes du minotaure administratif abrité sous les lambris dorés du pavillon de Flore.

Ce fut sous la direction de M. Léon Renault que le service des secours contre l'incendie reçut une précieuse extension par la création du réseau télégraphique reliant les divers postes et casernes, et celle de nombreuses prises d'eau établies sur la voie publique. Les inspecteurs spéciaux chargés de la surveillance des stations de voitures de place furent remplacés par des gardiens de la paix, et de ce chef on réalisa une importante économie.

La reconstitution des sept millions de bulletins de sommiers judiciaires fut entreprise et presque terminée sous le préfectorat de M. Léon Renault, et cela malgré une réduction de quarante employés de l'administration centrale, décrétée par l'intraitable Conseil municipal.

Les archives du cabinet purent être également

reconstituées en partie, grâce au concours du personnel et à l'infatigable activité de M. Patinot, l'intelligent et remarquable préfet de Seine-et-Marne, que M. Léon Renault, son parent et son ami, avait alors choisi pour l'aider dans sa tâche laborieuse.

Soucieux de relever le degré d'instruction de ses subordonnés, il institua un examen portant sur des connaissances spéciales de police judiciaire et de droit administratif.

Voilà ce que fit l'administrateur.

Au point de vue politique, M. Léon Renault, on ne l'a pas oublié, recueillit les éléments du fameux rapport sur l'organisation des comités bonapartistes, rapport présenté à la Chambre des députés par M. Savary.

Lors de la présidence du maréchal de Mac-Mahon, il préféra résigner ses importantes fonctions plutôt que de désavouer le patronage que lui avait accordé *proprio motu* le sénateur républicain Valentin, auprès des électeurs de l'arrondissement de Corbeil, qui élurent le Préfet de police pour les représenter à la Chambre.

M. Thiers appréciait hautement M. Léon Renault, qu'il avait connu fort jeune, et le président actuel de la Chambre des députés, M. Gambetta, reconnaissait la supériorité et le talent du Préfet de police, auquel des liens de camaraderie l'unissent de longue date.

Ses relations multiples et étendues ne servaient qu'à faire mieux apprécier les qualités de ce fonctionnaire distingué. Ses rapports avec les représentants des cours étrangères étaient des plus courtois, et se transformaient pour certains en une étroite et durable amitié.

Gentleman accompli, M. Léon Renault eût été jadis un parfait abbé de cour; il accueillait toutes les requêtes, toutes les demandes avec une bonne grâce charmante; aussi, bonapartistes, légitimistes, radicaux sortaient-ils toujours satisfaits du cabinet du Préfet de police, alors même qu'ils emportaient un refus formulé avec des formes exquises.

Mondain par excellence et par devoir professionnel, ce brillant causeur recherchait volontiers le commerce des femmes, car il savait qu'un Préfet de Police a toujours quelque chose à apprendre d'elles. Mais quels que fussent les distractions et les charmes qu'il trouvât dans ces fêtes officielles, dans ces soirées intimes, il ne négligea jamais les devoirs de sa charge. D'une activité étonnante, il se couchait rarement avant deux ou trois heures du matin et, pendant quinze mois, nous l'avons vu tous les deux jours se lever à six heures du matin afin de se rendre à Versailles auprès de M. Thiers, qui l'attendait pour conférer.

Tout autre se serait épuisé à ce régime, mais grâce à son robuste tempérament, M. Léon Renault ne trouvait de meilleur remède à ses fatigues que dans les exercices violents de l'équitation et de l'escrime.

Il avait littéralement le don d'ubiquité, on le voyait partout, mais partout il observait, et de ses observations il tirait souvent d'utiles et précieuses déductions.

Ce n'est point un panégyrique du député de Corbeil que nous avons entrepris, car nous méprisons les flatteurs et les courtisans ; nous tenons à accomplir un acte de justice en mettant en lumière l'un des hommes supérieurs et malheureusement trop rares, dont le nom restera dans l'histoire de notre temps pendant ces dix dernières années.

L'époque qui marqua brillamment le trop court passage de M. Renault à la Préfecture de police est encore trop rapprochée de nous pour que nous puissions, sans inconvénient, relater des anecdotes visant certaines personnalités. Nous nous contenterons de terminer cette esquisse par le récit de quelques faits qui feront mieux ressortir le caractère, l'esprit de l'homme et du fonctionnaire.

A l'âge de dix-huit ans, alors que simple étudiant en droit il habitait une petite chambre du quartier latin, M. Renault fut l'objet d'un témoignage bien flatteur.

Le futur avocat se délassait de l'étude *indigeste* des *Pandectes* en consacrant ses loisirs à des travaux littéraires sérieux. Il publia ainsi une petite brochure sur la philosophie au dix-huitième siècle.

Quelque temps après l'apparition de cet opuscule, le jeune étudiant entendit un beau matin frapper à sa porte.

Il s'empressa d'ouvrir et fut tout étonné d'apercevoir un personnage d'extérieur des plus distingués, les cheveux tout blancs, qui lui demanda s'il était bien l'auteur de l'ouvrage en question.

Sur la réponse affirmative du jeune homme, le vieillard entra, s'assit, puis se mit à discuter avec une profonde érudition le travail de son interlocuteur. Surpris, charmé, l'élève de l'École de droit écoutait religieusement celui dont il n'osait demander le nom.

Au bout de dix minutes de conversation, le visiteur se leva et prit congé en disant :

— Continuez, mon ami, persévérez dans l'étude, j'ai tenu à venir vous féliciter moi-même de votre brochure, je suis le comte de Montalivet.

Ce témoignage précieux, donné par un homme de cette autorité à un modeste bachelier en droit, n'honore-t-il pas doublement celui qui en fut l'objet et celui qui, malgré son âge avancé, n'hésita pas à gravir une centaine de marches pour venir encourager le talent précoce d'un inconnu.

Nous avons parlé plus haut du rapport de M. Léon Renault, sur l'organisation des comités bonapartistes ; il nous revient, à ce propos, une anecdote assez curieuse qui montrera, tout au moins, l'esprit de répartie du Préfet de police.

Un député, bien connu pour sa verve méridionale et son dévouement à l'Empire, se montrait fort irrité de l'enquête ouverte sur les agissements du parti auquel il est resté fidèle.

Il eut occasion de se plaindre amèrement des procédés du gouvernement républicain à son égard. La personne à laquelle il s'adressait appartenait à l'entourage immédiat de M. Léon Renault; aussi à la fin de l'entretien le jeune et ardent député ajouta en manière de conclusion :

— Vous pouvez dire de ma part à **M. le Préfet de police**, qu'il ne découvrira rien, car il n'y a rien ; mais ce qui pourra le surprendre, c'est que les rapports de ses agents me sont communiqués une demi-heure avant qu'ils ne lui soient adressés.

Ce singulier aveu fut accueilli d'une façon fort incrédule.

—Je vous le répète, insista celui dont on a déjà deviné le nom, je vous autorise à redire à M. Renault ce que je viens de vous apprendre.

La scène se passait rue de Rivoli, non loin de la Préfecture de police. Dix minutes après cet entretien, le Préfet écoutait le récit qu'on vient de lire.

Arrivé au passage relatif à la communication des rapports.

— Parbleu, interrompit M. Renault accompagnant ses paroles d'un fin sourire, M. *** n'a connaissance que des pièces que je veux bien lui laisser voir.

Nous ne saurions affirmer ce qu'il y avait de vrai

de part et d'autre, mais tout nous porte à penser que le Préfet de police ne répondait à la malicieuse gasconnade du député, que par une répartie plus malicieuse encore.

. . . . , ...

Vers la fin de 1873 ou au commencement de 1874, un journal allemand annonça la mise en circulation en France de pièces d'argent de cinq francs frappées à l'effigie de Napoléon IV.

Malgré l'invraisemblance de cette nouvelle, M. L. Renault jugea néanmoins prudent de faire faire des vérifications immédiates.

Le fait signalé pouvait précéder ou accompagner une tentative de restauration du régime impérial et, dès lors, il était indispensable de se renseigner au plus vite. Les services de la Préfecture de police n'avaient aucune connaissance d'un acte aussi invraisemblable et l'on crut à une facétie du journaliste tudesque, dans le but de troubler la quiétude du gouvernement français.

Cependant, il fallait chercher.

Les marchands de médailles installés sur les quais étant constamment à l'affût des collections ou des pièces isolées à vendre, à acheter ou à échanger, ce fut auprès d'eux qu'on songea à prendre quelques renseignements.

L'un des industriels auxquels on s'adressa déclara qu'il connaissait effectivement l'existence des pièces de cinq francs dont on lui parlait ; il ajouta qu'il n'était pas certain de pouvoir s'en procurer une et promit une réponse définitive pour le lendemain.

L'existence des fameuses pièces venait donc d'être établie ; aussi à partir de ce moment les démarches du marchand furent-elles étroitement surveillées.

Vingt-quatre heures après, l'agent qui avait joué le rôle de courtier allait retrouver son homme et lui rappelait sa promesse de la veille.

— Ma foi, je puis vous avoir ce que vous m'avez demandé, répondit l'étalagiste ; mais, poursuivit-il d'un air embarrassé, cela vous coûtera un peu cher, car il m'est impossible de vous laisser la pièce à moins de cent francs.

L'agent se récria sur le prix, puis finalement il revint peu après prendre livraison de la pièce sur la face de laquelle se détachaient les traits fort ressemblants de Napoléon IV.

La surveillance exercée sur les allées et venues du

marchand avait permis de connaître d'une manière presque certaine la provenance des pièces signalées.

La prudence commandait d'attendre que des explications officiellement provoquées vinssent confirmer ou détruire les soupçons.

Une perquisition fut ordonnée et pratiquée au domicile du marchand, qui ne put nier avoir vendu la pièce qu'on lui représentait. Il affirma ne pas connaître le nom de la personne qui la lui avait procurée, mais il abandonna bientôt son système de dénégation, lorsqu'il s'aperçut que l'on en savait au moins autant que lui. Il ne fit aucune difficulté pour indiquer le nom et l'adresse de son cédant.

Celui-ci était un ancien employé de l'Hôtel des Monnaies d'une nation voisine et entendait la numismatique de singulière façon.

Il faisait fabriquer partout où il le pouvait et dans des conditions de discrétion absolue, des médailles commémoratives de divers événements plus ou moins contemporains, puis il vendait ensuite aux amateurs ces médailles apocryphes, comme de véritables pièces historiques lui ayant demandé de patientes et coûteuses recherches.

On découvrit ainsi chez cet individu, au milieu d'un grand nombre d'autres spécimens, une collection de médailles en plomb représentant les principaux actes de la Commune de Paris en 1871.

Ces médailles n'avaient jamais été frappées pendant l'insurrection, elles étaient l'œuvre de notre industriel, qui les vendait fort cher à des amateurs trop crédules.

Il est certes cruel d'enlever des illusions, même à un numismate, mais la vérité nous contraint à déclarer que les rares pièces de cinq francs en argent à l'effigie du fils de Napoléon III figurant dans des collections privées, n'ont, hélas! aucune valeur historique. Elles n'ont été créées que dans le but mercantile d'exploiter chez certains hommes politiques la religion du souvenir, et chez les numismates la passion qui aveugle les collectionneurs les plus érudits.

Pour ces derniers, le souvenir de l'aventure arrivée dans des circonstances analogues à l'académicien Michel Chasles, adoucira sans doute l'amertume de leur déception.

Quant aux « coins » ayant servi à frapper les pièces en question, ils ne purent être retrouvés; on sut seulement que la frappe avait été faite à Bruxelles, sur la commande d'un particulier et comme médaille curieuse.

L'affaire n'eut donc aucune suite judiciaire, et si nous la tirons de l'oubli dans lequel elle est restée, c'est afin d'édifier les savants des siècles futurs et leur épargner, ainsi qu'à nos descendants, les volumineux mémoires qui ne manqueraient pas d'être produits à l'Académie sur cette intéressante question.

Deux princes du sang, une comédienne, une cocotte, et de l'aventure qui leur advint.

De par nature, dame Police est très curieuse et a fréquemment à s'occuper de ce qui se passe dans le monde de la galanterie.

La chose n'est pas nouvelle et le journal plus ou moins apocryphe de M. de Sartines nous a légué des renseignements curieux sur les agissements des

« belles petites » au temps de S. M. Louis XV le bien-aimé.

Si l'un des descendants de l'ancien lieutenant de police entreprenait aujourd'hui d'écrire un journal semblable, les archives de la Préfecture lui fourniraient d'innombrables matériaux, susceptibles de servir à l'édification d'une histoire authentique de la galanterie au XIX_e siècle, mais peu propres à coup sûr à servir à l'édification des masses.

Sur ce terrain du monde galant qu'arrosent alternativement les fleuves du Tendre et du Pactole, nous glanerons, au profit de nos lecteurs, une simple anecdote sortant du cadre ordinaire des événements dont s'occupent les spécialistes du service des mœurs.

Il était une fois deux princes, deux altesses, appartenant à des dynasties différentes, rivaux en politique comme en amour. Chacun d'eux avait honoré d'une liaison de longue durée, deux femmes jouissant l'une et l'autre d'une notoriété toute différente.

L'une, artiste de talent, jeune, jolie, aux opulents cheveux bruns, brillait au firmament d'un théâtre subventionné. L'autre, de seconde jeunesse, d'un blond fauve, était une étoile du monde de la galantérie, réputée pour les finesses de sa plastique et ses goûts hippiques.

A sa grande surprise, la charmante actrice reçut un jour de... mettons Flava, une lettre dans laquelle celle-ci lui demandait certains renseignements relatifs au prince qui n'avait et n'a encore aucun droit au titre de Prince Charmant ou de Prince Fidèle et qui avait antérieurement soupiré pour l'artiste.

Froissée d'un procédé aussi cavalier et ne voulant à aucun titre correspondre avec Flava — (qu'il lui suffisait de connaitre de réputation), — la comédienne s'abstint de toute réponse. Mais afin de distraire le prince, son seigneur et maitre, alors éloigné de Paris, elle lui transmit la lettre de son étrange correspondante et accompagna son envoi de réflexions acerbes et assez rudes sur la « Cocote. »

Les épithètes de cruche, de drôlesse sonnaient au milieu d'une foule d'autres non moins amènes.

Au lieu de parvenir à son destinataire princier, la missive ornée de ces commentaires n'ayant rien de commun avec ceux de César, tomba entre les mains de Flava, nous verrons plus loin comment.

On juge de l'effet produit par la lecture des deux lettres; aussi la maitresse du prince, qui n'avait et n'a en core aucun droit au titre de Prince Charmant ou de Prince Fidèle, se répandit-elle en invectives contre l'irascible artiste et pendant quinze jours elle fit résonner tous les cabinets des restaurants à la mode des éclats de sa colère.

Le bruit de ces objurgations franchit la capitale et parvint bientôt aux oreilles du prince régnant sur le cœur de la comédienne.

L'Altesse, apprenant que la lettre qui lui était destinée était aux mains de la maîtresse de l'autre prince son rival politique, s'émut et se crut victime de machinations ourdies dans le but de s'emparer de sa correspondance et d'en tirer parti.

La chose valait la peine d'être éclaircie et le Préfet de police se chargea de ce soin.

Les investigations ne furent pas de longue durée et on sut bien vite ceci : la femme de chambre de l'artiste avait négligé d'affranchir la lettre adressée au prince, et les gens de celui-ci, — par suite d'une fausse interprétation d'ordres antérieurs, — avaient refusé d'accepter la missive.

Le pli ne contenait aucune indication de nature à mettre sur la trace de son auteur, mais la lettre de Flava, jointe à l'autre, énonçait très lisiblement le nom, l'adresse de cette dernière, aussi le bureau des rebuts à la poste crut-il opérer régulièrement en renvoyant le tout à la « Cocote. »

L'affaire n'alla pas plus loin, les princes dont il s'agit n'y trouvèrent point prétexte à l'échange d'un cartel. Du reste, dans des circonstances beaucoup plus graves, le prince qui n'avait et n'a encore aucun droit au titre de « Prince Charmant, » avait montré toute sa répugnance pour les cartels autres que les cartels de salles à manger.

XIV

M. Félix Voisin du 10 février 1876 au 16 décembre 1878. — De l'importance du choix d'un chef de cabinet. — Essais tentés pour appliquer la photographie électrique à la recherche des malfaiteurs. — M. Albert Gigot du 16 décembre 1878 au 8 mars 1879. — Modifications apportées dans la détention préventive. — Création d'un journal de police. — Excursions dans les cafés concerts.

Il n'est peut-être pas sans intérêt de faire remarquer que de tous les Préfets de Police nommés depuis 1872 jusqu'à ce jour, aucun n'avait atteint l'âge de quarante ans au moment de son entrée en fonctions.

Ils quittèrent tous le fardeau des affaires pour rentrer dans la vie privée, sauf un seul, M. F. Voisin, dont nous allons étudier l'intéressante physionomie, et qui échangea le frac préfectoral contre la robe rouge de conseiller à la cour de cassation.

MM. Cresson, Renault et Albert Gigot reprirent leur rang au sein de cet illustre barreau parisien dont ils étaient sortis. Le général Valentin prit sa retraite pour se réfugier à Meung-sur-Loire, pays qui marqua la première étape de d'Artagnan, le héros d'Alexandre Dumas.

M. Félix Voisin se distingua comme procureur de la République pendant l'occupation prussienne, par son patriotisme et son dévouement. Les habitants de Seine-et-Marne tinrent à le récompenser de la captivité qu'il avait subie en Allemagne pour la défense de leurs droits, et lui confièrent le mandat de les représenter à l'Assemblée nationale. M. F. Voisin était donc député lorsqu'il fut nommé pour remplacer M. Léon Renault, le nouvel élu de la circonscription de Corbeil.

Fidèle à ses principes, à ses devoirs, à ses amitiés, le nouveau Préfet appela auprès de lui comme son principal collaborateur, M. Paul Jolly, substitut du parquet de Melun, homme d'un grand bon sens, magistrat énergique, éclairé, et qui dans le poste de chef du cabinet rendit les plus réels services à M. F. Voisin.

On ne saurait assez signaler l'importance qu'un

Préfet de Police doit accorder au choix de son représentant immédiat.

Nous pouvons l'affirmer, il n'y a pas eu dans les annales de la Préfecture un Préfet remarquable qui n'ait été secondé, doublé en quelque sorte, par un homme d'une valeur incontestée.

Tel chef du cabinet, tel Préfet, est un axiome. L'un et l'autre se complètent, se suppléent et il faut entre eux une communauté parfaite de vues et d'opinion. Le fonctionnaire reflète au second plan celui dont il est l'émanation directe.

M. Léon Renault eut un *alter ego* en M. Patinot, comme M. F. Voisin trouva un autre lui-même en M. Paul Jolly.

Il y aurait là, au point de vue administratif, un parallèle bien curieux à établir et une étude intéressante à faire, mais cela nous entraînerait trop loin. Bornons-nous à dire que pour les deux exemples que nous venons de citer, préfets et chefs de cabinet avaient au moral comme au physique de telles affinités, de telles ressemblances, qu'ils ne formaient en réalité qu'un seul préfet en deux personnes. Cette identification complète a donné et donnera toujours d'excellents résultats au point de vue pratique.

Au mouvement, à l'activité, à l'imprévu qui avaient marqué l'administration de M. Léon Renault, succédèrent avec M. F. Voisin un calme, un repos, une régularité relatifs.

La transition fut tellement grande que quelqu'un bien en mesure de juger les choses appréciait ce brusque changement par cette phrase significative : « Nous ne sommes plus à Paris, nous sommes en province. »

Malgré l'austérité bien connue de son caractère et de ses mœurs, M. F. Voisin n'en était pas moins un homme du monde très répandu dans la bonne société, dont toutes les portes lui étaient ouvertes. Ses adversaires politiques eux-mêmes rendaient hommage à sa droiture et à son urbanité.

Grave, correct, méthodique, on ne pouvait, en le voyant, se méprendre sur son caractère. Tout dans sa personne et dans ses manières indiquait l'ancien magistrat. Tenue sombre, favoris noirs soigneusement arrangés, cheveux méticuleusement lissés et coupés, menton et lèvre supérieure toujours fraîchement rasés, abord froid, parole lente, recueillie, le Procureur de la République reparaissait sous le Préfet de police.

Tout dans sa vie administrative était minutieusement réglé : sur son bureau chaque chose avait sa place indiquée, et rien ne devait troubler l'harmonie de ce classement réfléchi, mûrement arrêté.

Il avait l'amour du détail et apportait autant de soin méthodique dans les plus petites choses que dans les plus grandes.

Quoique légèrement compassé, il n'était cependant pas ennemi des choses gaies, pourvu toutefois qu'une pointe de malice ou d'esprit y trouvât sa place. Mais cette gravité, cette froideur cachaient un esprit bienveillant et un cœur généreux.

Membre de la commission des grâces et du conseil supérieur des prisons, M. Voisin étudia sans cesse avec ardeur la délicate question du régime pénitentiaire. L'administrateur, le philanthrope, cherchait à apporter un remède au déplorable état moral dont souffrent les êtres plus ou moins gangrenés qui remplissent les prisons.

Il fit, dans ce sens, les mêmes efforts que son frère, le docteur Voisin, tentait pour l'amélioration du service des secours publics de la Ville de Paris.

Ce que le médecin avait fait pour disputer, arracher à la mort, les déshérités et les désespérés de la vie parisienne, le Préfet de police voulut le faire pour ceux que leurs fautes et leurs crimes avaient rejetés en dehors de la société et plongés dans les geôles.

L'un s'efforçait de rappeler des mourants à la vie, l'autre de rendre des hommes et non des condamnés à la vie sociale.

M. F. Voisin était un progressiste dans l'acception la plus intelligente du mot.

Pendant toute la durée de son passage à la Préfecture, il se préoccupa des « *impedimenta* » du service des mœurs.

L'inscription des filles mineures sur les contrôles de la police était l'objet d'une attention toute spéciale de sa part. Cent fois il se refusa à signer de prime abord l'inscription de filles soumises comptant moins de dix-huit ans. Il fallait qu'on lui fît remarquer : que la malheureuse en question avait été déjà arrêtée plusieurs fois pour faits de prostitution, qu'elle sollicitait elle-même d'être couchée sur les registres d'infamie et qu'enfin les parents de cette fille ne voulaient plus s'occuper d'elle à raison de son inconduite. Le Préfet de police, malgré tout, hésitait encore à croire à une perversité aussi précoce, son honnêteté se révoltait, et cependant, peu de temps après, une nouvelle infraction au règlement des mœurs le contraignait à prendre la mesure qu'on lui avait demandée et qu'il ne signait qu'à regret et avec un hochement de tête des plus significatifs.

Ah ! ce père de famille, cet homme d'intérieur, ce croyant, eut de bien fréquents et douloureux étonnements. C'est que la Préfecture de police est, voyez-vous, une terrible école, où les choses apparaissent avec une réalité troublante et pleine de sombre tristesse.

Ce fut sous le préfectorat de M. F. Voisin que l'on fit de nombreuses expériences dans le but d'appliquer l'électricité à la photographie et d'obtenir ainsi la transmission rapide du signalement des malfaiteurs en fuite.

Ces essais, dirigés par M. Lombard et dus à son initiative, auraient pu rendre de grands services à la police judiciaire. Ils ne donnèrent pas toutefois les résultats espérés, car s'il fut démontré que la transmission d'un portrait par le fil électrique était chose possible, on reconnut que l'image originale devait être un dessin fait à la main dans des conditions spéciales et d'après une photographie. Or, en dehors de la photographie du malfaiteur recherché, il fallait,

13.

en outre, avoir à toute heure un dessinateur à sa disposition ; ce qui dans la pratique fut reconnu impossible.

L'hostilité déclarée du Conseil municipal et d'une certaine presse contre la Préfecture de police, commença à se manifester sous l'administration de M. F. Voisin.

Ce Préfet sentit tout le danger, toutes les conséquences que la campagne qui s'annonçait devait avoir pour les intérêts et les fonctionnaires placés sous sa direction. Il essaya de réagir, de résister contre ces tendances, mais ses vues ne furent malheureusement pas partagées par le Ministre de l'Intérieur et il se vit dans la nécessité de se retirer.

Ce fut avec un véritable serrement de cœur qu'il abandonna son poste ; il déclara à son personnel qu'il partait contre son gré, et exprima hautement ses regrets de n'avoir pu combattre en faveur de cette administration pour laquelle il s'était épris, comme tous ses prédécesseurs, d'une réelle et profonde affection, car lui, aussi, avait pu en apprécier l'utilité et l'intelligent fonctionnement.

Si le passage de M. Albert Gigot à la Préfecture de police n'a pas été aussi profitable à cette institution qu'on eût pu le désirer, il faut l'attribuer entièrement aux événements politiques et non au fonctionnaire lui-même.

M. Albert Gigot, avocat distingué, était un homme de travail, d'étude, et les fonctions de Préfet de police jetèrent une profonde perturbation dans ses habitudes et dans son caractère.

Il réfléchissait beaucoup, parlait peu et cherchait surtout à éviter de se mêler à la politique, dont il redoutait les subtilités.

Esprit sérieux, profondément dévoué aux intérêts de son pays, M. Gigot aurait largement contribué aux développements des améliorations que la police parisienne était susceptible de recevoir, mais les tracasseries du Conseil municipal et la faiblesse insigne du ministre de l'Intérieur paralysèrent ses efforts et son dévouement à la chose publique.

Il aimait le progrès et eût fait un remarquable administrateur, si son passage aux affaires avait précédé ou suivi de quelques années la crise aiguë que la Préfecture de police traversa presque aussitôt qu'il eut été placé à la tête de cette administration.

Il n'était point fait pour la lutte, et il montra une véritable abnégation en n'abandonnant qu'au dernier moment le poste qui lui avait été confié. Il se retira écœuré, attristé de la pusillanimité qu'il rencontra chez ceux qui, jusqu'à la dernière minute, lui avaient promis de le soutenir et lui retirèrent leur appui.

De taille moyenne, le front large, des yeux noirs très vifs, la figure rasée, sauf de petits favoris clairsemés venant mourir au milieu des joues, M. Albert Gigot offrait une physionomie ayant certain rapport avec celle de son prédécesseur.

Comme M. F. Voisin, il était grave, froid et avait un léger cachet de pasteur anglican.

Conservateur sincère, il était ardent partisan de la cause de l'ordre et de la liberté individuelle.

M. Gigot professait une sympathie marquée pour les institutions anglaises. Il a donné récemment une preuve de cette préférence en publiant une remarquable traduction de l'œuvre de M. Gladstone, le célèbre homme d'Etat anglais.

Accompagné de M. Picot, alors directeur au ministère de la justice, il se rendit à Londres dans le but d'étudier le fonctionnement de la police anglaise en général, et d'examiner en particulier tout ce qui a trait à la détention préventive chez nos voisins d'outre-Manche.

Il songeait à rechercher les moyens d'éviter ou de diminuer chez nous la longueur de cette détention.

Il rapporta de son voyage le projet de faire examiner, le plus promptement possible, par des commissaires de police, les gens arrêtés la nuit, et qui attendaient dans les postes jusqu'au lendemain le moment d'être interrogés.

Il se mit également d'accord avec M. Picot pour que les inculpés, arrêtés en flagrant délit, puissent être jugés dans les vingt-quatre heures, mesure excellente que le Parquet de la Seine vient de mettre du reste à exécution depuis le 1er juin dernier.

Ce fut à M. Gigot qu'on dut aussi la création d'un bulletin d'informations de police contenant les relevés des faits délictueux et criminels commis dans Paris et qui, chaque jour, était imprimé et distribué aux 80 commissaires de police de la capitale et à tous les services actifs.

La distribution de ce journal technique devait tenir en éveil le zèle et l'activité des fonctionnaires de tous grades chargés de veiller à la sûreté publique. Et voici comment. Dans l'état ordinaire des choses, un assassinat est perpétré, un vol est commis, une perte importante a lieu, enfin des disparitions de personnes se produisent, que se passe-t-il ? Il s'écoule toujours un temps plus ou moins long avant que l'attribution spéciale chargée des recherches soit saisie, et un seul service est informé, c'est-à-dire, qu'en dehors de la sûreté, tout ce qui tient au service actif : gardiens de la paix, commissaires, inspecteurs de police, en un mot tous ceux qui pourraient et devraient apporter un contingent de renseignements, d'investigations utiles se trouvent dans l'impossibilité de concourir à ce but, car ils ignorent les crimes, les délits commis dans un quartier ou un arrondissement voisin du leur, et les coupables passent souvent sous leurs yeux sans qu'ils puissent les arrêter.

Le bulletin d'informations établi d'après le système anglais, remédia à cet état de choses préjudiciable, et dans bien des cas il détermina la prompte solution d'affaires qui peut-être n'en auraient pas eu.

Il cessa de paraître après le départ de M. Albert Gigot.

Ce dernier était toujours préoccupé de se rendre compte par lui-même des choses de son ressort sur lesquelles il était appelé à émettre des avis ou à prendre des décisions.

.*.

Pendant l'hiver de 1878-1879, bien des gens eussent été surpris s'ils avaient rencontré l'officier de paix du cabinet, accompagné de deux messieurs coiffés de petits chapeaux melons et parcourant les cafés-concerts des faubourgs de la capitale.

Les promeneurs pénétraient dans les établissements les plus infimes de la banlieue annexée et écoutaient sinon avec intérêt, du moins avec attention, les divas et les ténors acclamés par l'auditoire.

Les trois visiteurs excitaient parfois la curiosité du public peu choisi de ces « *beuglants*, » car leurs paletots faisaient tache sur les blouses et les bourgerons.

Dans l'un de ces cafés-concerts où le service était fait par des femmes, l'une d'elles, aux formes rebondies et au visage enluminé par de nombreuses consommations, interpella nos explorateurs en termes si familiers qu'ils se sentirent assez mal à l'aise.

— Ah ça, est-ce que tu n'offres rien ? demanda la

nymphe du beuglant, en s'adressant à l'un d'eux.

— Mais... mais si, volontiers.

Et tout aussitôt elle alla se chercher un bock et vint sans gêne s'attabler avec ses amphitryons.

A ce moment, un chanteur en bras de chemise, vêtu d'un simple pantalon de velours sur lequel s'étalait une large ceinture écarlate, fit son apparition sur l'estrade élevée de cinquante centimètres environ du sol et se mit à hurler un hymne à Voltaire. Au milieu du bruit et des nuages de fumée les deux messieurs cherchaient à entendre et à voir ; l'un d'eux, atteint de myopie, avait retiré son lorgnon pour n'être point reconnu et clignait naturellement les yeux tant qu'il pouvait. Son compagnon était absorbé par le spectacle si bien que ni l'un, ni l'autre ne faisaient attention à la grosse fille qui, elle, les contemplait avec une fixité des plus significatives.

— Ah ! dis donc, murmura-t-elle en se penchant vers l'officier de paix du cabinet, tes amis sont bien fadards, c'est vrai, mais ils n'ont pas l'air de s'amuser, surtout le gros ; c'est peut-être un bon garçon tout de même, mais on dirait « un curé défroqué. »

Le personnage ainsi désigné entendit, répondit du

bout des lèvres et resta jusqu'à ce qu'il eût vu ce que lui et son compagnon avaient voulu voir.

Le premier, on l'a deviné, était M. Albert Gigot ; le second, celui qui avait l'air d'un curé défroqué, était un ministre, homme d'esprit, désireux de se rendre compte *de visu* et *de auditu* de l'influence plus ou moins pernicieuse que les cafés-concerts exercen sur la population ouvrière.

L'impression de l'Excellence et du Préfet de police fut telle que, dans leur pensée, la seule digue à opposer au flot toujours montant de la démoralisation et de la dépravation, était le rétablissement du privilège en matière théâtrale et la suppression de ces cafés-concerts borgnes, véritables écoles de dévergondage et de mauvais goût.

XV

M. Louis Andrieux nommé Préfet le 3 mars 1879

Dans tout personnage occupant des fonctions élevées d'un ordre gouvernemental ou administratif, il y a souvent deux côtés distincts : l'homme et le fonctionnaire.

Chez M. Andrieux, le fonctionnaire et l'homme ne font qu'un ; nous allons essayer d'esquisser à grandes lignes le portrait de l'homme plutôt que celui du Préfet de police.

On trouve en lui une bonté sans faiblesse, le calme de l'homme fort, sûr de la résolution qu'il a arrêtée, et la courtoisie un peu froide mais distinguée d'un diplomate du Nord.

Ce n'est point un autoritaire dans le sens absolu du mot. Il sait raisonner ce qu'il veut, et ce qu'il veut il l'exécute.

Loin de l'irriter les difficultés ont pour lui un attrait particulier. Il aime peut-être la lutte, comme on l'a dit, mais nous sommes certain qu'il ne la fuira jamais, sans cependant la rechercher jamais.

Ah! c'est une curieuse et intéressante physionomie à étudier. Au physique, tout le monde connaît le Préfet de police actuel.

Né à Trévoux, le 24 juillet 1840, il a à peine 40 ans.

Quoique dans la plénitude de l'âge, son visage a quelque chose de juvénile, le teint est mat, légèrement bistré comme celui d'un Oriental. Les yeux sont bleus et ont des regards tantôt voilés d'une mélancolique douceur, et tantôt brillants comme une lame d'acier.

Le front large, élevé, est couronné de cheveux noirs abondants dans lesquels se jouent quelques fils d'argent.

Le nez est droit, d'une véritable pureté grecque; des moustaches brunes, aux pointes ébouriffées, ombragent des lèvres spirituellement narquoises et nettement dessinées.

D'épais sourcils noirs, à la naissance desquels se voient deux plis verticaux profonds, complètent l'ensemble de ce visage toujours soigneusement rasé.

Le calme de la figure contraste singulièrement avec les mouvements nerveux du corps.

On croirait que, sous ce masque placide, il y a quelque chose d'inquiet, de tourmenté.

Dans son cabinet, le Préfet de police écoute volontiers ses interlocuteurs en marchant de long en large dans cette vaste pièce aux tentures de velours rouge. L'inaction semble lui peser et il aime à rester debout.

Si jamais il tombe, rappelez-vous qu'il ne saura tomber que tout d'une pièce !

Regardons-le, assis devant son bureau ; la tête penchée sur l'épaule droite, l'œil cherchant quelque chose dans le vide, il paraît absorbé par quelque problème ardu et semble alors être étranger au discours qu'on lui tient.

On croirait que sa pensée sommeille, mais soudain, l'un de vos arguments l'a frappé, il vous interrompt et d'une voix peu assurée d'abord, comme s'il cherchait ses mots, il formule une objection, il s'anime graduellement, il s'agite, il se lève, les mots justes lui arrivent, nets, concis, élégants ; l'homme est presque transfiguré et on s'éloigne, persuadé, convaincu, sous le charme de cette parole chaude et vibrante.

La discussion terminée, l'œil se voile, les lèvres sont encore agitées par quelques légers frémissements, puis la figure reprend tout entière sa placidité énigmatique grave et souriante tout à la fois.

M. Andrieux parle peu, réfléchit longuement. C'est un silencieux, mais une fois sa résolution arrêtée, l'exécution suit presque aussitôt.

Nature pleine de contrastes, il est homme de sang-froid et d'action, esprit positif, libre penseur ; il a pourtant en lui quelque chose de mystérieux et de mystique.

Tout jeune, il a su être homme d'étude et homme mondain.

Le bruit et la solitude lui plaisent également.

A dix-neuf ans, M. Andrieux était licencié ès-lettres. Avide d'apprendre, de savoir, il eut, tout en faisant son droit, la curiosité de suivre assidument les cours de la rue Cassette.

Un jour, le jeune étudiant, assistant à la leçon de philosophie religieuse professée par l'abbé Noirot, interrompit brusquement le professeur au cours de la leçon et entama avec lui une longue dissertation au sujet des anges et des séraphins.

Pressé par des arguments sans réplique de son élève, l'abbé resta interdit et ne sut que répondre à la logique froide et savante du jeune étudiant. Celui-ci se leva alors, prit son chapeau et saluant respectueusement son professeur se retira en disant :

— Je vois, monsieur l'abbé, que j'en sais assez.

Depuis ce jour M. Andrieux ne remit plus les pieds dans l'établissement de la rue Cassette.

Licencié ès-lettres, il se fit recevoir docteur en droit, puis professa, à la Faculté libre de Lyon, un cours de Droit Romain.

A trente ans, il était nommé Procureur de la République dans la même ville, où il montra, comme on le sait, un véritable courage, au moment des événements de 1871.

Nous tenons à rappeler à ce sujet un fait trop peu connu et trop rare.

Voulant récompenser la conduite de M. Andrieux dans ces tristes circonstances, le gouvernement lui fit offrir la croix de la Légion d'honneur. Le Procureur de la République ne crut pas devoir accepter cette distinction si méritée et déclina noblement l'offre qui lui était faite dans les termes suivants :

« Je ne veux pas que les Lyonnais, en me voyant
« passer dans les rues de la Guillotière, puissent se
« rappeler les jours néfastes qui m'auraient valu une
« telle récompense. »

Élu député du Rhône, en 1876, M. Andrieux quitta la magistrature et plaida entre temps.

En 1878, il eut, on s'en souvient, un duel avec M. Paul de Cassagnac. Les adversaires se rencontrèrent sur le plateau de Châtillon et échangèrent une balle sans résultat. Au moment de se séparer, M. Andrieux salua M. de Cassagnac et lui dit :

— Vous avez pourtant tiré, Monsieur, mais je n'ai rien entendu.

— Je n'en dirai pas autant, reprit le jeune député du Gers, car votre balle a sifflé à mon oreille.

Cette rencontre permit à ces deux hommes d'apprécier leur sang-froid et leur courtoisie réciproques et nous croyons pouvoir faire remarquer à cette occasion que, soit hasard, soit avec intention, M. Andrieux n'assistait pas à la séance de la Chambre dans laquelle les dernières poursuites contre M. Paul de Cassagnac furent votées.

Enfin donnons un dernier détail, qui fera apprécier le caractère et l'énergie de M. Andrieux comme homme privé.

Nous avons dit plus haut qu'il était mondain, brillant cavalier, nous devons ajouter encore qu'avant son mariage il était un danseur émérite et des plus recherchés.

Au mois de mars 1878, le Préfet de police se cassa le bras gauche dans une chute de cheval. Le surlendemain de cet accident, M. de X*** donnait un bal auquel était convié le député du Rhône.

La maîtresse de la maison, belle et séduisante personne, regrettait vivement avec ses invités l'état de santé de M. Andrieux, lorsque celui-ci, le bras en écharpe, fit son entrée dans le bal à la surprise générale. Esclave de ses engagements, le blessé venait rappeler à Madame de X*** qu'elle avait bien voulu lui promettre la première valse.

Que M. Andrieux nous pardonne ces indiscrétions, il sera sans doute étonné de nous savoir si bien renseignés, mais nous avons tenu à rapporter ce trait caractéristique de sa vie, car il complète l'esquisse de ce portrait rapide et montre ce que M. Andrieux a déjà prouvé à la tribune, c'est qu'il est un homme,

homme (vir) comme disaient les anciens, un homme enfin comme nous serions heureux d'en compter beaucoup dans les conseils du gouvernement.

L'AGENT SECRET

L'AGENT SECRET

L'ensemble des croquis que nous avons esquissés serait incomplet si nous n'essayions de donner ici un aperçu de ce sphinx, de cette abstraction moderne qui s'appelle : l'agent secret.

Que de mystères, que d'énigmes renferment ces deux mots!

Avec ce penchant inné de la foule pour le merveilleux et tout ce qui a un côté occulte, la crédulité publique s'est forgée une légende pleine de romanesque et d'erreur sur l'existence de cet être dont on sent parfois l'action, mais que, sauf des cas très rares et

L'AGENT SECRET

L'ensemble des croquis que nous avons esquissés serait incomplet si nous n'essayions de donner ici un aperçu de ce sphinx, de cette abstraction moderne qui s'appelle : l'agent secret.

Que de mystères, que d'énigmes renferment ces deux mots!

Avec ce penchant inné de la foule pour le merveilleux et tout ce qui a un côté occulte, la crédulité publique s'est forgée une légende pleine de romanesque et d'erreur sur l'existence de cet être dont on sent parfois l'action, mais que, sauf des cas très rares et tout à fait exceptionnels, il est impossible de découvrir.

Soulevons légèrement le coin des voiles qui enveloppent l'agent secret, et réduisons à ses justes proportions le rôle prêté à cet auxiliaire indispensable de la police.

Une masse de personnes fort honnêtes et de bonne foi se figurent reconnaître un agent secret dans tout individu, qui, soit dans la rue, soit au café, soit au théâtre et même dans les omnibus, les regarde plus ou moins attentivement et cherche à lier conversation avec elles sans avoir cependant la moindre arrière-pensée.

Cet individu, qui ne fait que passer sans dire jamais comment il se nomme, est toujours pris pour un agent secret, alors qu'il n'est qu'un simple promeneur, un désœuvré naïf.

Ce personnage que vous rencontrez régulièrement sur votre route, ou dans tel ou tel milieu, est un bon bourgeois comme vous, un brave ouvrier, incapable à tous les points de vue de faire le métier dont vous le soupçonnez.

Il est à remarquer qu'on suspectera presque toujours d'infamie ou de trahison, tout être qui par circonspection, par goût, vivra retiré sans laisser voir à ses voisins comment il vit, sans leur faire connaître quelles sont ses ressources, comment il les a acquises. Ah ! si ce malheureux observe la même réserve sur le nom de ceux qu'il reçoit, vous pouvez être certain que les gens les moins malentionnés, en parlant de lui, vous diront d'un air malin : il en est !

Il en est, ces trois mots prononcés, c'est fini, c'est un jugement sans appel. Que de personnes en sont ainsi, sans le savoir! Si les malfaiteurs craignent avec raison de rencontrer quelquefois ce qu'ils appellent un mouchard, les honnêtes gens, qui eux ont la conscience tranquille, en voient partout. Cela flatte leur soi-disant perspicacité. Ils ne songent pas que le budget de l'Etat tout entier serait insuffisant à payer tous ceux qui, du haut en bas de l'échelle sociale, sont soupçonnés d'être à la solde de la police française.

Eh bien, il faut en prendre votre parti, démagogues ou réactionnaires, bourgeois ou boutiquiers, non, l'agent secret n'est pas « *si nombreux* » que cela. Non, vos murs n'ont pas d'oreilles, les architectes modernes ne permettent pas qu'on puisse circuler dans le mur de votre vie privée, mur solidement étayé du reste par la loi Guilloutet. Mais vos rendez-vous clandestins, vos réunions illicites, vos secrets d'alcôve même n'en seront pas moins connus lorsqu'on le voudra.

Souvenez-vous donc que rien au monde n'est plus difficile que de garder un secret, et relisez la fable de notre grand La Fontaine : *Les femmes et le secret.*

Non, les agents qui reçoivent des subsides réguliers ne sont pas nombreux, les autres sont légion.

Oui, légion, car l'agent secret, c'est vous, c'est nous, c'est tout le monde enfin ! On raconte d'abord bien bas, puis un peu plus haut le scandale d'hier, le dernier mot d'un homme politique, la future combinaison financière, le mot d'ordre distribué la veille par tel prétendant aux hommes de son parti, on commente les projets de celui-ci, la canaillerie de celui-là. Bref, épigrammes, nouvelles, récriminations, espérances, s'envolent sur les ailes de la conversation jusqu'à celui qui recueille fidèlement ce bruit et en transmet à son tour l'écho à la Préfecture de police.

Cet instrument de basse vengeance que l'on nomme la lettre anonyme vient également, chaque jour, apporter son appoint à la somme des renseignements occultes.

Femmes trahies, maîtresses abandonnées, serviteurs chassés, les envieux, les déçus de toute nature forment avec les inconscients cette légion formidable de la délation.

Jalousies, colères, rancunes, remords, que de divulgations gratuites ne vous doit-on pas ? que d'épouvantables choses n'avez-vous pas découvertes ? et auprès de vous que peut l'agent secret.

A tous ces Judas, qui ne réclament aucun salaire pour prix de leur trahison, viennent encore se joindre les anonymes désireux d'être utiles à la société en signalant, dans un but aussi honnête que désintéressé, les faits dont ils ont pu être témoins ou qu'ils ont surpris.

Ah ! le lecteur serait bien étonné s'il nous était permis de citer certaines grandes affaires, qui seraient restées ensevelies dans l'oubli si tout le monde, c'est-à-dire si l'agent secret « *sans le savoir* » n'avait laissé échapper à propos l'indice dont une oreille attentive sut tirer immédiatement parti.

Enfin il existe encore une classe d'individus briguant la faveur de fournir des indications à la Préfecture de police, cette classe, ne riez pas, est celle de l'agent secret amateur.

Nous avons vu des gens jouissant d'une fortune indépendante, appartenant à d'excellentes familles, offrir à titre gracieux leur collaboration occulte.

Disons tout de suite que ces monomanes se croient des aptitudes remarquables comme policiers et sont, en réalité, tout à fait impropres à remplir le rôle qu'ils aspirent à jouer. Ils sont toujours évincés.

Classons encore dans cette catégorie l'individu ayant déjà un emploi et qui serait bien aise d'utiliser fructueusement les heures de loisir que lui laissent ses occupations. Celui-là, et c'est le type le plus fréquent, voudrait surveiller les bals, les théâtres, en un mot, tous les endroits où l'on s'amuse, afin de mettre en pratique la maxime *utile dulci*, joindre l'utile à l'agréable.

Il est à peine nécessaire de dire que les demandes de cette nature sont détruites aussitôt qu'examinées.

Arrivons maintenant au véritable agent secret.

Le grand mérite, la grande préoccupation de ces correspondants est de justifier avant tout leur titre d'agent occulte. Ils s'efforcent par tous les moyens possibles de dissimuler leur personnalité. Cela se comprend aisément car, en dehors de l'intérêt matériel qu'ils ont à rester inconnus, leur concours devient inutile, dangereux dès qu'ils se laissent soupçonner.

Comme on le pense bien, ces individus ne possèdent point une honnêteté exempte de reproches, mais il ne faudrait cependant pas croire qu'ils soient tous pourvus d'antécédents judiciaires ou qu'ils aient subi des peines afflictives et infamantes. Leur passé, dans ce cas, offrirait plus d'inconvénients que d'avantages. En effet, ne seraient-ils pas exposés à être reconnus et à se voir fermer les portes des intérieurs où ils ont intérêt à pénétrer ?

Nous ne prétendons pas avancer que ces hommes soient matériellement irréprochables avant qu'on agrée ou recherche leurs services, mais ce qu'il y a de positif, c'est que la plupart jouissent aux yeux du monde d'une bonne et véritable *respectability*, comme disent les Anglais.

Dans quelque milieu qu'ils se meuvent, les agents secrets ont toujours une position sociale avouée, des ressources connues, et ils sont généralement les derniers sur lesquels les soupçons peuvent planer.

Rien dans leur extérieur, dans leur manière de vivre n'est susceptible d'attirer l'attention. Ils vivent presque exclusivement dans le monde où ils sont connus, et n'abordent jamais une maison nouvelle sans être régulièrement présentés par des gens honorables et bien posés.

Les sources d'informations utiles à la Préfecture de police ou au gouvernement sont beaucoup plus limitées qu'on ne le pense, et il suffit de peu d'agents pour savoir ce que l'on a intérêt à connaître.

Sous n'importe quel gouvernement, le but principal à poursuivre est de se tenir au courant des manœuvres de l'opposition.

Grâce à l'extension, à l'exubérance de la vie publique moderne, il est aisé de suivre pas à pas les mouvements d'opinions et les agissements secrets de quelques centaines d'agitateurs, au plus.

Tout groupement, toute association d'hommes nécessite forcément une propagande, des réunions, une publicité relative ; or, sur dix hommes se concertant dans un but politique ou dangereux, on peut affirmer sans témérité et sans médire de l'espèce humaine, qu'il se trouve toujours au moins deux individus imprudents ou indiscrets et un troisième disposé, moyennant finance, à composer avec sa conscience et le secret des autres.

Le tact et l'habileté de la Préfecture de police consistent donc surtout dans le choix de ses agents secrets. L'administration fait en grand ce que chaque journal fait en petit pour être bien informé.

L'on peut juger des résultats qu'elle peut atteindre par la multiplicité des indiscrétions, des informations à outrance publiées chaque jour par les organes de tous les partis.

L'une des principales forces de l'agent secret réside dans la garantie absolue que lui donne l'administration de ne jamais révéler son nom. Avec cette sécurité, il agit sans crainte. Du reste, dès que ses services sont agréés, il cesse d'être un homme, il n'est plus qu'un numéro. La correspondance qu'il envoie est signée d'un nombre ou d'un pseudonyme quelconque et est détruite aussitôt qu'on en a extrait ce qu'elle contient d'intéressant.

Il en est qui n'ont même jamais mis les pieds à la Préfecture de police et dont les Préfets ont toujours ignoré les noms.

Quelques chefs de service seuls, reçoivent les rapports dont ils ne transmettent qu'une copie, l'original étant immédiatement anéanti.

D'un autre côté, le Préfet reçoit des communications directes d'individus dont il utilise les services et qu'il rétribue directement.

Un de ces agents poussait si loin les précautions matérielles dont il s'entourait, pour n'être point reconnu, qu'il se faisait adresser en valeurs au porteur le montant de la rémunération de ses services. Sa famille croyait ainsi qu'il jouait à la Bourse !

Quant aux précautions... morales (il n'y a pas d'autre mot et nous le regrettons) prises par ces individus, elles dénotent parfois un machiavélisme merveilleux.

Jugez-en par l'exemple suivant choisi entre cent.

Certain quidam, quoique entièrement dévoué à un parti hostile au gouvernement, n'en occupait pas moins dans ce même gouvernement des fonctions honorifiques. Ce fait n'est, paraît-il, pas aussi rare qu'on pourrait le supposer.

Notre homme jouissait d'une notoriété assez sérieuse.

Il entra en communications suivies avec la Préfecture de police.

Alors, afin de détourner tous les soupçons et d'inspirer une plus grande confiance à ses coreligionnaires politiques, il développa une telle ardeur dans ses critiques, dans ses attaques contre le gouvernement qu'il servait, que celui-ci le destitua, naturellement.

Dès ce moment notre agent devint un héros, un martyr pour ceux de son parti. Son courage, son désintéressement ne lui servirent qu'à exploiter plus facilement, pour le compte de la Préfecture, l'admiration et la confiance des naïfs, qui exaltaient la fidélité et les convictions politiques de ce singulier personnage.

* *

Mais où recrute-t-on de pareils individus ? demanderez-vous.

Dans toutes les classes de la société et dans aucune.

Ces êtres sont souvent bien nés, instruits, d'aucuns portent à la boutonnière des décorations aussi multicolores qu'étrangères, d'autres voyagent beaucoup; arrivent à faire partie de suites princières, tandis que de plus humbles vivent dans des milieux bien moins aristocratiques.

Ces déclassés, qui savent si bien cacher les apparences, ont dû quelquefois changer de nom et de profession.

Comment ces gens ont-ils été amenés à servir la police ?

Les causes sont multiples et ce mot de déclassés que nous venons d'employer explique déjà bien des choses.

Les hommes ne sont rien par eux-mêmes, ils ne sont quelque chose de bon ou de mauvais que par leurs passions.

Or, le joueur malheureux décavé au cercle, l'amant ruiné par sa maîtresse, l'ambitieux déçu, tous les mpuissants, les démoralisés qui ne peuvent demander au travail la satisfaction immédiate de leurs appétits, de leur besoin de luxe, viennent fréquemment frapper à la porte basse des fonds secrets.

Oh ! que de drames innommés, épouvantables, ont amené la chute, la dégradation de ces êtres parfois si bien doués du côté de l'esprit et si tristement déshérités du côté de l'honneur.

Nous ne chercherons pas à faire du lyrisme avec

la plus abjecte des réalités, mais nous ne pouvons nous empêcher de songer à l'œuvre pleine d'angoisses et d'horreur, que pourrait écrire un nouveau Balzac sur un tel sujet, avec des éléments modernes.

L'imagination la plus féconde restera toujours au-dessous de la vérité lorsqu'elle voudra étudier, fouiller ce coin presque inconnu de notre société.

Le champ est vaste, varié, navrant. Regardons-y au hasard.

En 186... un jeune étudiant, de bonne famille, fit la rencontre d'une de ces vierges folles du quartier Latin et leur liaison, née d'un caprice, ne tarda pas à devenir sérieuse. Rien ne coûtait au jeune homme pour satisfaire les goûts dispendieux de sa maîtresse ; et ce qui devait arriver tôt ou tard... se produisit. Les parents coupèrent les vivres à l'enfant prodigue. Les choses suivirent alors leur train accoutumé, on vécut tant qu'on put sur le crédit, mais tout a une fin, surtout cette chose si fragile qu'on appelle le crédit. Alors, les dettes se mirent à crier, à hurler avec un formidable crescendo. On eut recours aux amis. Après les amis, on s'en prit aux bijoux, aux livres, à la garde-robe. Finalement on ne se trouva plus aux prises qu'avec la plus dure des nécessités.

Par un phénomène aussi étrange que rare, la passion de nos amoureux croissait à mesure que leurs ressources diminuaient.

A ce moment, la maîtresse de l'étudiant tomba gravement malade. L'hôpital offrait un refuge assuré, mais ni l'un ni l'autre des deux jeunes gens ne voulaient se séparer.

Qu'allaient-ils devenir ?

La misère, cette odieuse conseillère, était assise au chevet de ces deux enfants de vingt ans. Elle suggéra au malheureux étudiant une pensée qu'il repoussa avec dégoût. Voler, faire un faux, c'était horrible, et puis la justice et la prison ne sont-elles pas là qui guettent et atteignent toujours les coupables.

Que faire ! que faire pour avoir de l'argent ? se répétait sans cesse le jeune homme.

L'idée qu'il avait d'abord rejetée revint à son esprit ; il l'accueillit la rougeur au front, puis chassée à nouveau, elle finit par s'imposer. Qui le saurait ? Personne. Après un assez long débat, la résolution du jeune homme s'affermit et quelques heures plus tard la maîtresse avait un peu d'argent.... et l'étudiant fournissait à la Préfecture de police des renseignements sur l'esprit du quartier des Écoles.

Il se jeta dans la politique, et grâce aux subsides qu'il reçut il put sauver la vie et l'amour de sa maitresse.

On vient de voir à quel prix !

.·.

Un autre de ces malheureux égarés, honteux d'être tombé aussi bas, voulut un jour renoncer à ces ressources inavouables et se lança dans le petit journalisme. Il attaqua alors le gouvernement avec violence et prit notamment la Préfecture de police à partie.

Ces attaques incessantes, et de mauvaise foi, ne tardèrent pas à obtenir le singulier résultat que voici : le chef du cabinet de cette époque, reconnut promptement, dans l'écrivain, l'ancien agent secret. Il manda donc le pauvre hère et le menaça, s'il persistait dans ses attaques, de faire publier les rapports que l'imprudent folliculaire avait adressés autrefois au Préfet de police.

La menace était terrible, aussi réussit-elle. Le

jeune homme renonça à la voie qu'il avait prise, il rompit complètement avec son passé et ses habitudes.

Il abandonna la bohême et le journalisme. Après avoir fait son devoir pendant la guerre, il se consacra à une entreprise industrielle dans laquelle il put utiliser ses aptitudes littéraires.

.·.

Une erreur, assez accréditée dans le public, représente la police comme ayant à son service des femmes chargées d'attirer dans leurs salons les notabilités de tous genres, et de rendre compte de tout ce qui se dit dans ces réunions.

La police n'a nullement besoin de ces femmes. A quoi lui servirait de faire tenir des salons lorsque ses agents peuvent pénétrer partout et obtenir à bien meilleur compte des renseignements précis et sérieux ?

Et puis, quoi qu'on en dise, les femmes ne font que

de médiocres agents, malgré la subtilité et les ruses de leur esprit.

Elles sont très aptes à pénétrer le secret qu'elles veulent connaître, mais elles sont incapables de garder le fruit de leur découverte, et elles livreront inconsciemment le renseignement qu'elles sont parvenues à obtenir.

Leur génie de dissimulation, de perfidie, ne les empêche pas de compter souvent avec leur cœur, tandis que l'homme, l'agent secret, lui, ne compte jamais qu'avec une seule chose : son intérêt.

L'agent, en effet, n'est rétribué que suivant l'importance des services qu'il rend ou des renseignements qu'il fournit.

La conscience de ces individus n'est pas cotée bien haut, comme on le pense, à la Bourse policière, et ces hommes ne coûtent guère plus qu'ils ne valent.

Celui-ci a offert ses services contre une rémunération mensuelle fixe et peu élevée ; celui-là, placé dans une situation faite pour attirer l'attention, a accepté les propositions qu'on lui a faites ou fait faire; enfin un troisième n'accepte accidentellement ce rôle, que lorsque quelque perturbation a dérangé ou dérange l'équilibre de son budget.

En un mot l'agent secret, à quelque catégorie qu'il appartienne, n'obéit qu'à un seul mobile : l'argent.

Mais, demandera-t-on, ces individus sont-ils réellement indispensables ?

Oui, absolument oui, et tous les régimes qui ont affecté de se passer des agents occultes ont été contraints d'avoir recours à leurs services, le plus souvent même ils ont dû en doubler l'effectif, car sans eux, on ne pourrait résoudre l'éternel problème qui, en police, reste éternellement celui-ci : « Savoir, ou être toujours prêt à savoir promptement. »

— Si j'avais deux millions de fonds secrets, disait M. Thiers, j'achèterais la moitié de Paris !

. . . .

Nous n'ajouterons rien à cette phrase, d'une concision et d'une vérité aussi juste que peu consolante !

LA POLICE FRANÇAISE A L'ÉTRANGER

LA POLICE FRANÇAISE

A

L'ÉTRANGER

La police en Angleterre, en Allemagne, en Russie, en Belgique, en Suisse. — L'attentat de Russakof et l'attentat d'Orsini.

Le caractère essentiellement primesautier des Français constitue à la fois les meilleures qualités et les plus grands défauts de notre esprit national.

Cet esprit, d'une mobilité extrême, est plein d'antithèses : crédulité et scepticisme, routine et progrès, enthousiasme et dénigrement, dévouement et ingratitude s'y heurtent sans cesse avec des revirements aussi brusques qu'imprévus.

Vis-à-vis des nations étrangères, le Français voudra toujours défendre et assurer la suprématie de tout ce qui touche à son pays. Mais lorsqu'il s'agit de discuter, d'examiner entre compatriotes notre organisation sociale ou politique, le chauvinisme disparait pour faire place à un parti pris de critique, d'opposition dans lequel se retrouve constamment un vieux souffle de Fronde. Dans le premier cas, nous nous montrons souvent trop présomptueux, dans le second nous sommes toujours injustes.

Après avoir affirmé pendant longtemps et avec raison que la France possède une administration que l'Europe nous envie, on a trouvé un beau jour cette déclaration surannée et on l'a traitée de vieux cliché.

N'en déplaise à ces iconoclastes qui attaquent si facilement ce qu'ils devraient défendre et qui défendent ce qu'ils devraient attaquer, chaque fois que les circonstances les y obligent ou leur permettent d'apporter des progrès, des améliorations au fonctionnement de leur organisation policière, les puissances étrangères ne manquent jamais de prendre modèle sur notre propre organisation française.

S'il ne fallait pas compter avec les mœurs, les usages, les lois et les besoins de chaque peuple, la plus grande uniformité possible dans les diverses polices serait certainement un idéal facile à atteindre.

Mais ce qui est légal, ici, cesse de l'être chez le voisin, et *vice versa*.

Ainsi en Angleterre, ce foyer de toutes les conspirations s'abattant de temps à autre sur notre continent, il n'existe pas de police politique proprement dite. Ce sont les polices étrangères, qui, le plus souvent, signalent au gouvernement britannique la présence de conspirateurs émérites, de révolutionnaires dangereux ou de malfaiteurs, réfugiés sur cette terre si hospitalière des Trois-Royaumes.

Ces renseignements sont accueillis avec empressement, sollicités même, et ils ont d'autant plus de valeur qu'ils ne coûtent aucun mal, ni aucun argent au pays.

Il y a deux ans à peine, la famille royale n'était encore l'objet d'aucune surveillance spéciale de protection. Le respect profond du peuple anglais pour la loi et tout ce qui touche aux personnes investies du pouvoir royal devait faire écarter toute idée d'attentat criminel, et par conséquent faire rejeter l'emploi de toute mesure préventive. Il fallut que des menaces caractéristiques et réitérées venues de l'extérieur, obligeassent, non pas le gouvernement, mais la reine Victoria à prendre elle-même des dispositions pour veiller sur sa sûreté personnelle et celle de sa famille.

Les nombreux attentats dont l'empereur Guillaume fut l'objet, les communications importantes adressées au gouvernement allemand par le gouvernement français sur le mouvement socialiste en Prusse, démontrèrent l'insuffisance de l'organisation policière allemande réduite à peu près partout à de simples agents en uniforme.

On s'empressa alors de profiter de la présence de M. Waddington au Congrès de 1878 pour demander des conseils au gouvernement français.

L'un des fonctionnaires de la police parisienne, le plus apte à répondre au désir du gouvernement impérial, fut envoyé à Berlin.

Le croirait-on ? Ce qui manquait principalement c'était l'argent.

M. de Bulow, ministre des affaires étrangères, ne dissimula point combien il lui était pénible de voir absorber, pour l'entretien de l'armée et du matériel de guerre, la plus grande partie des ressources budgétaires.

L'Allemagne jusqu'alors avait concentré tous ses efforts, tous ses moyens pour assurer le succès de ses armes. Elle avait un service occulte des plus étendus, mais organisé exclusivement au point de vue des renseignements militaires.

Cependant la propagande socialiste révolutionnaire prenait déjà des proportions considérables, l'agitation, quoique sourde encore, n'en était pas moins facile à constater, le danger devenait sérieux. Aussi n'attendit-on pas davantage et, dans l'espace d'une année, on put organiser à l'intérieur et à l'extérieur une police politique fonctionnant assez bien. Le principal résultat fut d'enrayer par des mesures préventives le mouvement révolutionnaire.

Les menées socialistes étant communes aux deux nations et présentant les mêmes dangers de chaque côté de la frontière, la France ne peut avoir qu'à se louer du concours qu'elle prêta dans la circonstance à l'Allemagne.

Nos voisins d'Outre-Rhin nous sont donc redevables aujourd'hui, comme de tant d'autres choses, hélas! de l'organisation spéciale qui assure la sécurité de leur situation intérieure au point de vue policier.

Maintenant, si nous passons à la Russie, nous verrons un spectacle tout différent. Il n'y a pas dans ce vaste pays insuffisance mais surabondance de police.

Nous résumerons notre impression dans ces trois mots : « *trop de police* » ou plutôt trop de fonctionnaires chargés de faire de la police.

Les conséquences de cet état de choses entrainent forcément un désarroi, un désordre dus principalement à l'incurie, au mauvais vouloir ou à l'ambition du personnel secondaire. De là une obscurité, une ignorance profondes où devraient luire la lumière et la vérité.

La Russie s'est toujours préoccupée d'entretenir des agents occultes surtout à l'extérieur. Le gouvernement moscovite a multiplié ses sources d'informations partout, même où cela est le moins nécessaire. Il possède des agents en double, en triple emploi. Aussi est-ce un travail de géants exécuté par des nains que celui qui consiste à dépouiller d'innombrables rapports envoyés de l'extérieur et se répétant ou se contredisant à l'envi. C'est en quelque sorte, qu'on nous passe l'expression, une véritable police de Pénélope faisant et défaisant, débrouillant et emmêlant sans cesse la tâche de la veille.

D'organisation rationnelle, méticuleuse, suivant un programme unique, recevant une même impulsion, il n'en existe point.

Il n'est donc pas étonnant de voir les révolutionnaires de ce pays, les nihilistes, tenir le monde officiel en échec sous le coup de menaces anonymes, souvent suivies d'exécution aussi promptes que terribles.

L'épouvantable attentat dont l'infortuné Alexandre II vient d'être victime justifie, hélas ! pleinement nos appréciations.

Le nihilisme a frappé le czar en plein jour, sur la voie publique, à quelques pas du palais impérial.

Cependant le crime était prémédité depuis longtemps, d'odieuses tentatives avaient déjà semé la mort autour de l'Empereur, le complot était permanent, les assassins travaillaient sans relâche à leur œuvre abominable, leur but, leur organisation étaient connus.

Des avis avaient annoncé que l'attentat aurait lieu le 1er mars. Depuis plusieurs mois on redoutait cette date.

On savait tout cela ; et la police russe n'a pu conjurer un aussi grand forfait !

Le simple exposé de ces choses démontre d'une façon terrible les défectuosités d'un système policier qui, malgré la puissance autocratique dont il dispose, malgré le zèle incontesté d'innombrables agents, a pu laisser s'accomplir une catastrophe prévue tant en Russie qu'à l'étranger.

L'analogie existant entre l'attentat de Russakoff et l'attentat d'Orsini, nous fournit une occasion nouvelle de faire ressortir une fois de plus combien il est nécessaire en matière de police de ne rien négliger, même les faits les plus insignifiants.

Dans les premiers jours du mois de janvier 1858, une somnambule du quartier du faubourg Montmartre, renommée pour sa lucidité, recevait la visite d'un M. X***, qui venait la consulter au sujet d'un vol récent dont il avait été victime.

Comme ses congénères, la somnambule était assistée d'un médecin. Celui-ci procéda aux passes magnétiques de rigueur; le sujet docile ne tarda pas à s'endormir et la consultation commença.

Ce fut avec le plus grand calme que la femme magnétisée répondit aux questions qu'on lui posait. Son visage reflétait la plus parfaite quiétude.

Tout à coup un brusque changement se produisit.

La somnambule refusa obstinément de répondre à tout ce qu'on lui demandait, les traits de sa figure se contractèrent, exprimant successivement l'étonnement, l'inquiétude et la terreur.

Des mots entrecoupés s'échappaient de ses lèvres.

« Oh! mon Dieu! murmura-t-elle, que de monde,
« là, dans cette rue, près du boulevard, regardez
« toutes ces lumières, le théâtre resplendit. Ah! voici
« des soldats, les voitures arrivent, je vois celle de
« l'Empereur. Oh! quel bruit, ce sont des « *grenades*
« *fulminantes* » qu'on vient de lancer. C'est horrible,
« je vois du sang, partout du sang, des blessés.
« Écoutez donc leurs cris, lui n'est pas atteint. Ah!
« comme il fait noir, tout est dans l'obscurité, tout
« se tait, mais que de verre brisé, on dirait de la pous-
« sière. »

La pythonisse s'agitait sur sa chaise et semblait assister réellement au drame dont elle développait les péripéties au milieu de son sommeil.

La consultation s'arrêta là. M. X*** n'attacha pas grande importance à la scène dont il venait d'être témoin. Cependant peu à peu l'étrangeté de cette hallucination, les détails curieux se rapportant à l'évènement tragique prévu par la somnambule produisirent une si vive impression sur l'esprit de M. X***, que celui-ci se rendit chez le commissaire de police de son quartier et raconta tout ce qu'on vient de lire.

Le magistrat écouta son administré et crut devoir adresser, à toutes fins utiles, un rapport au cabinet du Préfet de police. Ce rapport fut purement et simplement classé dans un vénérable carton. Le lendemain de l'attentat de l'Opéra on se souvint alors du document en question et l'on put constater l'exactitude presque mathématique des indications fournies par la somnambule, dix jours auparavant, indication dont on n'avait tenu aucun compte.

Cette pièce curieuse a été brûlée lors de l'incendie de la Préfecture de police. Plusieurs employés de l'administration se souviennent encore de l'avoir vue et nous pouvons garantir l'authenticité de l'anecdote.

Mais si la police française n'a pas alors pris en considération les propos d'une somnambule extralucide, la police russe, elle, sans négliger les avis de toute sorte qui lui sont parvenus, vient de prouver l'inanité des efforts de la redoutable et puissante troisième section.

Après avoir examiné rapidement le système policier d'un gouvernement autocrate, examinons non moins rapidement celui d'un gouvernement libéral.

La différence entre la Russie et la Belgique n'est pas aussi grande qu'on peut le supposer. Dans le dernier de ces deux pays, il n'existe pas à proprement parler de police politique, ni d'administration centrale.

Chaque ville, chaque faubourg a sa police spéciale placée sous la haute direction du bourgmestre.

Les défectuosités de ce système sont cependant tempérées, mitigées par l'organisation de l'administration municipale. Celle-ci, en effet, grâce aux dispositions de certaines lois, doit notamment tenir une sorte de comptabilité quotidienne de la population, connaître nominativement tous les habitants, etc., etc., de telle façon que l'administration devient, en cas de besoin, l'auxiliaire naturel et sûr de la police.

Il existe bien encore pour tout le royaume, une direction de la sûreté publique chargée de centraliser, au fur et à mesure des besoins seulement, les renseignements recueillis par les diverses polices locales du pays, mais cette Direction, greffée sur l'administration des prisons, n'a aucune sanction légale, elle n'a à sa disposition immédiate aucun service actif et ne possède aucun budget spécial.

Dans de telles conditions, le service de la sûreté publique, en Belgique, ne peut obtenir que des résultats partiels et insuffisants.

L'anecdote suivante nous fournira une preuve à l'appui des nos assertions.

L'ambassadeur français à Bruxelles recevait un beau matin de l'année 187... la visite d'un sieur X***, se disant réfugié à la suite des événements de la Commune, et s'offrant à fournir des renseignements sur les menées d'un groupe très remuant de proscrits habitant la capitale de la Belgique. Il s'agissait d'une conspiration ourdie pour attenter aux jours du maréchal de Mac-Mahon, Président de la République.

Le sieur X*** s'exprimait avec chaleur et conviction. Il ne faisait encore que des demi-confidences, laissant aisément deviner qu'il ne demandait qu'à en dire davantage un peu plus tard. Les indications données étaient telles qu'elles parurent de nature à être prises en sérieuse considération. Notre ambassadeur s'adressa aussitôt à l'administration de la sûreté publique belge, puis avisa le gouvernement français.

Quelques jours après un fonctionnaire, accompagné de plusieurs agents, débarquait à Bruxelles, venant de Paris, afin de pénétrer l'intrigue du complot signalé.

Une entrevue fut ménagée entre le sieur X*** et le délégué de la police parisienne.

Le rendez-vous eut lieu sur une place publique. Au bout de dix minutes de conversation, le fonctionnaire qui avait écouté attentivement le récit du révélateur, jugea qu'il n'y avait rien de sérieux au fond de cette affaire. Il ne put s'empêcher d'exprimer des doutes contre lesquels le sieur X*** s'éleva avec énergie. Cependant, comme le prétendu réfugié persistait à ne rien préciser, son interlocuteur le prévint que si ses soupçons étaient justifiés, il saurait bien trouver, un jour ou l'autre, le moyen de faire repentir X*** de son impudence ou de sa mauvaise foi.

L'entretien se termina sur ces paroles. Le soi-disant communard protesta encore pour la forme, mais en homme défiant et habile, il sut déjouer la surveillance exercée immédiatement sur sa personne. Il disparut comme par enchantement.

La police de Bruxelles remua ciel et terre pour retrouver le fugitif. L'administration de la sûreté publique fit de même, mais ni l'une ni l'autre n'obtinrent le moindre renseignement.

On était menacé d'en rester là et de ne rien savoir. Cet insuccès devenait d'autant plus regrettable que le groupe, signalé par l'ingénieux coquin, se composait réellement d'hommes assez dangereux pour inspirer de vives craintes.

Le fonctionnaire français se souvint à propos qu'au cours de la conversation qu'il avait eue avec son bizarre révélateur, celui-ci avait laissé échapper une adresse. Un agent fort habile fut envoyé à cet endroit et revint après avoir acquis la certitude qu'il avait trouvé la piste de l'homme recherché, lequel s'était affublé du nom de X*** afin de cacher son identité, l'on va savoir dans quel but.

Le lendemain un indicateur à la solde de la police française, et qui résidait constamment à Bruxelles, découvrit que le faux X*** n'était autre qu'un certain Van den C***, d'origine belge, condamné déjà plusieurs fois pour vol et escroquerie et recherché activement par les autorités locales pour purger une condamnation à deux mois de prison récemment prononcée contre lui par défaut.

L'administrateur de la sûreté publique fut littéralement stupéfié lorsque le délégué de la police parisienne lui fit connaître le résultat de ses propres recherches. Rien, en effet, ne pouvait mieux démontrer les vices d'une organisation faisant échouer les polices centrale et locale, là où une police étrangère n'obéissant qu'à ses traditions parvenait à réussir si promptement.

L'identité du révélateur X*** et celle du condamné Van den C*** ne faisait aucun doute, mais il était non moins certain que l'habile filou avait pris la fuite.

On mit aussitôt agents et gendarmes en campagne pour le retrouver.

Les recherches se prolongèrent, demeurant toujours infructueuses. Deux mois se passèrent ainsi sans qu'on mit la main sur l'introuvable Van den C***.

Enfin la police centrale belge reçut un jour un avis de la police parisienne lui signalant la présence du contumax dans un lieu nettement désigné, où le drôle fut effectivement arrêté.

Van den C*** était à Bruxelles même !

Sur ces entrefaites, une nouvelle affaire motiva le voyage à Bruxelles de l'envoyé qui avait été précédemment mis en rapport avec le faux X***.

C'est ici que se place l'épilogue plaisant de cette singulière histoire.

Désireux de revoir celui qu'il avait fait arrêter, le fonctionnaire parisien obtint l'autorisation de communiquer avec le prisonnier Van den C***.

Dès que le visiteur eut franchi le seuil de la cellule le détenu le reconnut et l'accueillit par ces mots :

— N'est-ce pas, monsieur, que c'est bien vous qui m'avez fait pincer ?

— Parfaitement. Ne vous avais-je pas prévenu que, tôt ou tard, je trouverais bien le moyen de vous punir de votre mauvaise foi.

— Ah ! j'en étais sûr, s'écria le prisonnier avec joie, car sans vous, monsieur, sais-tu, la police belge il ne m'aurait jamais trouvé.

La physionomie et l'accent du drôle étaient des plus comiques. Il comprit alors combien il avait mal manœuvré.

Toutefois, il se montra enchanté de ne s'être point trompé dans son appréciation sur la police de son pays, et ne témoigna aucune rancune à celui qui lui avait prouvé qu'on ne se moque pas impunément de la police parisienne.

Il va sans dire que le complot n'existait que dans l'imagination de Van den C···. Il avait espéré tirer à l'aide de cette fable quelques ressources de l'ambassadeur de France et du gouvernement belge.

.˙.

S'il est vrai que les nations qui nous environnent rencontrent dans leur législation respective des difficultés pour le fonctionnement de leur police, il est bon de dire que les autorités ont, dans ces cas, recours à des subterfuges qui réussissent toujours et permettent de sauver les apparences sans sortir précisément de la légalité.

L'expulsion des étrangers dangereux au point de vue politique, ou à tout autre point de vue, est assez facilement appliquée et toujours légalement par la Belgique. On ne saurait trop le répéter hautement, mais c'est à son plus grand regret, à son corps défendant, que cet excellent peuple belge, notre meilleur voisin, se voit obligé de donner asile et parfois de conserver le personnel équivoque que lui envoient nos perturbations politiques et notre trop grande confiance en affaires. Aussi le gouvernement ne laisse-t-il échapper aucune occasion de se débarrasser ou de nous rendre ceux de nos nationaux qui sont allés chercher au delà de la frontière la sécurité dont ils manquaient chez nous. Les lois sur l'identité, sur le domicile, sur les déclarations à faire à l'hôtel de ville sont autant de moyens dont on use à l'occasion.

En Angleterre, où la liberté est plus grande encore, les difficultés sont plus accentuées, on parvient à les tourner quand un grave intérêt est en jeu.

A ce propos voici un fait, déjà ancien et rigoureusement exact, qui donnera la mesure des subterfuges dont nous parlons un peu plus haut, et auxquels on est souvent obligé de recourir.

L'empereur Napoléon III devait se rendre officiellement à Londres. Le peuple anglais se préparait à recevoir dignement son hôte et à lui faire un chaleureux accueil.

Un proscrit de 1851, réfugié à Londres, voulut également célébrer à sa façon la venue du souverain français et donner la mesure de son enthousiasme pour la personne du fils de la reine Hortense.

Il imagina de recouvrir la façade entière de la maison qu'il occupait d'affiches et de caricatures des moins flatteuses pour l'auguste voyageur.

On juge de l'effet produit par cette exhibition.

L'immeuble bordait une voie que Napoléon III devait suivre fréquemment pendant son séjour, le fantaisiste affichage ne pouvait donc échapper aux yeux du monarque.

La loi anglaise ne contenait aucune disposition s'appliquant à ce cas singulier. Le proscrit était à l'abri de toute poursuite, et l'on ne possédait aucun moyen légal pour faire disparaître les dessins choquants qui bigarraient la demeure de notre compatriote.

On se demandait comment on sortirait de ce cas épineux.

Voici l'expédient dont on se servit.

Les groupes qui stationnaient devant la maison du proscrit devinrent un matin plus compactes qu'à l'ordinaire ; ils s'animèrent graduellement et ne tardèrent pas à être bruyants. Foule et clameurs allèrent « *crescendo.* » Enfin, vers le milieu de la journée, la maison fut tout à coup criblée de pierres et assaillie par une bande de gamins et de gens sans aveu.

Alors la police intervint gravement, c'était son droit, c'était son devoir. Le proscrit, cause de tout ce bruit, fut appréhendé au corps, les affiches arrachées aussitôt et l'on épargna ainsi au monarque en déplacement, un affront qu'on était désolé de ne pouvoir légalement empêcher.

Quant à notre compatriote, nous croyons bien qu'il fut condamné, mais il le fut au nom de la loi, ce qui, certes, ne constitua pas pour lui une consolation suffisante.

∴

En Suisse, le seul pays pouvant rivaliser avec l'Écosse pour la largesse, mais non la gratuité, de ses mœurs hospitalières, le département de la police et de la justice est confié à un membre du conseil fédéral.

La police n'a point d'attributions politiques, c'est tout au plus si elle avoue le service semi-occulte qu'elle emploie pour la recherche de ses malfaiteurs. Il n'en faut pas conclure néanmoins qu'elle soit désarmée contre les gens dangereux, de toutes catégories, qui abusent ou tentent trop souvent d'abuser d'une hospitalité très largement accordée.

Comme en Belgique, comme en Angleterre, l'extrême liberté dont on jouit dans la patrie de Guillaume Tell est tempérée par un arsenal de petites lois spéciales dont la moindre ferait entrer en fureur les plus modérés de nos compatriotes. La police trouve toujours dans cette législation un point d'appui et un auxiliaire fort utiles. Les petits moyens lui servent à combler ensuite les lacunes de la loi.

Dans des cas tout à fait spéciaux, un étranger peut être expulsé d'une ville ou d'un canton suisse, mais seulement pour être dirigé sur une autre ville ou un autre canton du pays.

L'expulsé, suivant l'usage, est conduit par la gendarmerie au lieu de résidence qui lui est assigné.

L'expulsion ne peut être prononcée que par le conseil communal, sur la proposition du conseiller chargé du département de la justice et de la police. On conçoit, dès lors, qu'il est parfois très difficile d'obtenir des mesures de cette nature, surtout quand ceux qui en font l'objet sont des réfugiés politiques. Dans une circonstance semblable, voici ce que fit le directeur du service de la police.

Un réfugié politique français, jouissant aujourd'hui avec la plus parfaite indépendance du cœur des bienfaits de l'amnistie, un réfugié, disons-nous, avait motivé plusieurs plaintes de diverses natures. Cet individu, d'un caractère très remuant, ne cessait d'entretenir dans l'esprit de ses coreligionnaires politiques l'agitation toute platonique, mais dangereuse, dans laquelle les réfugiés de la Commune ont presque constamment vécu pendant leur séjour à l'étranger.

Le directeur de la police se trouvait fort embarrassé, car, s'il désirait vivement donner satisfaction aux plaintes légitimes dont il était saisi, il craignait d'un autre côté que l'expulsion du sieur Z*** ne lui fût pas accordée.

Il s'arrêta à un moyen terme et imagina le stratagème suivant.

Une lettre de convocation fut envoyée au réfugié qui, au jour dit, à l'heure fixée, se présenta ponctuellement. Un peu avant l'arrivée de notre homme, le chef de la police avait eu soin de placer, en évidence sur un coin de son bureau, le dossier du réfugié sur lequel figurait cette mention tracée avec une grosse écriture : « *Proposer l'expulsion.* »

Lorsque le communard fut introduit, le directeur l'engagea d'abord à s'asseoir, puis s'absenta aussitôt après pendant quelques minutes.

Était-ce pour charmer les longueurs de l'attente, ou pour satisfaire une curiosité plus ou moins légitime, toujours est-il que Z***, se voyant seul, regarda curieusement les papiers étalés sur le bureau. Naturellement le dossier placé *ad hoc* attira son attention et le « Mane, Thecel, Phares » administratif flamboya à ses yeux.

Quand le magistrat revint, il s'aperçut que l'effet prévu venait de se produire; il s'assit sans rien laisser paraître et engagea la conversation le plus tranquillement du monde. Il demanda quelques renseignements sans importance à Z***, puis lui recommanda, sur un ton paternel, de se tenir sur la plus grande réserve. A ce moment, il feignit d'apercevoir l'indiscret dossier et le cacha assez vivement sous d'autres papiers.

Le réfugié se retira alors pleinement édifié.

Avait-il compris ou avait-il peur? Toujours est-il qu'il s'empressa de rejoindre ses coreligionnaires et de leur annoncer son intention, arrêtée depuis longtemps, de quitter Genève dans un délai fort rapproché.

Il partit, en effet, et le directeur de la police n'eut qu'à s'applaudir du stratagème qu'il avait employé.

.*.

Dans un autre ordre d'idées, le gouvernement suisse n'hésite pas à prendre des mesures qui ont souvent eu pour résultat d'éviter des désastres commerciaux.

Les chevaliers d'industrie, après avoir exploité leur propre pays, vont fréquemment à l'étranger chercher de nouvelles dupes. Légers de bagages, légers d'argent, ils arrivent à Genève par exemple. Sans perdre de temps ils se mettent aussitôt au travail. Quelques feuilles de papier à lettre avec un en-tête commercial, un timbre humide, un petit magasin, cela leur suffit pour commencer leurs opérations. Ils lancent alors une affaire quelconque, se font adresser de France, de Belgique, d'Allemagne, d'Autriche, des marchandises qui, à peine arrivées, sont revendues à vil prix et ne sont jamais payées.

Dès que le département de justice est sur la trace d'un individu de cette espèce, et quoiqu'il n'y ait en cause que des intérêts étrangers, on saisit à la poste la correspondance de l'aventurier, puis, lorsque les preuves des manœuvres frauduleuses sont réunies, on invite alors l'honnête commerçant à aller exercer ailleurs sa coupable industrie.

Si l'administration française se permettait d'agir ainsi, que de cris, que de récriminations n'entendrait-on pas ? Et cependant ces clameurs ne couvriraient pas celles qu'arrachent à nos commerçants, à nos industriels, les extorsions journalières d'audacieux coquins qui exploitent impunément la province et la capitale.

L'aperçu à vol d'oiseau que nous venons de tracer de l'organisation policière chez les nations voisines, ne fait-il pas bien ressortir la supériorité de notre propre système de police ? Oui, nous le répétons avec une légitime satisfaction, notre organisation, malgré ses « *impedimenta* » est encore la meilleure et sert à juste titre de modèle à l'Europe.

CONCLUSIONS

Après avoir examiné plus ou moins sommairement le caractère et les actes principaux de l'administration des Préfets de police qui ont occupé ces hautes fonctions depuis vingt années jusqu'à ce jour, il nous faut conclure et dégager l'enseignement qui ressort de l'ensemble de ces souvenirs et de ces anecdotes.

Pendant toute la période de l'Empire, période qu'on a représentée comme une ère de grandeur, de calme et de prospérité, les hommes intelligents placés à la tête de la Préfecture de police n'ont été et n'ont voulu être que des collaborateurs politiques et trop zélés d'un gouvernement arbitraire, absolu.

Quoiqu'ils en eussent tout loisir, toute facilité et même le devoir, aucun d'eux n'a tenté d'innover le moindre progrès ou d'introduire la plus légère amélioration dans les services qu'ils ont dirigés. Et pourtant le Conseil municipal de cette époque eut certainement acquiescé à l'avance à toute proposition qui lui eût été soumise dans ce sens. C'est qu'alors la politique primait tout, on lui sacrifiait tous les intérêts sans paraître se douter que faire de la bonne administration est la meilleure des politiques. Absorbé par l'œuvre immense à laquelle son nom restera à jamais attaché, M. Haussmann, lui, trouva cependant encore le moyen de consolider et d'étendre les attributions de son administration. Cette extension se fit au détriment de la Préfecture de police, et créa entre les deux administrations une regrettable dualité, source constante de conflits et d'embarras préjudiciables à tous.

Les pouvoirs du Préfet de police nettement définis par les décrets du 12 messidor an VIII et 3 brumaire an IX, reçurent alors leur première atteinte et furent amoindris en matière de police administrative.

Si les publicistes qui ont combattu, attaqué récemment la Préfecture de police avaient écarté toute idée préconçue, tout esprit de parti, leurs attaques auraient été dirigées vers un autre objectif.

Il est vrai que ces attaques visaient plus principalement des personnalités, mais l'institution n'en a pas moins eu à souffrir. Or, c'était commettre plus qu'une injustice, c'était commettre une faute.

Le point de départ de la campagne entreprise contre le démembrement de la Préfecture de police, remonte plus haut qu'on ne le suppose, il date de 1859, époque à laquelle le tout-puissant baron Haussmann arracha à la condescendance de M. Boitelle, et non sans résistance, une partie des attributions de la police administrative.

Vouloir limiter strictement le rôle de la Préfecture de police à la recherche et à l'arrestation des malfaiteurs, est une idée rétrograde et qui ne supporte pas un examen sérieux. La pratique nous fournirait des arguments innombrables pour combattre cette utopie si elle était digne d'être discutée.

Mais revenons à notre sujet, car cette digression nous entraînerait à écrire un nouveau volume.

Si les Préfets de police de l'Empire se laissèrent vivre béatement sans prendre d'autre initiative que celle du ministre de l'intérieur, et d'autre mot d'ordre que celui de la politique du jour, les Préfets nommés par le gouvernement républicain ont tous, et sans exception, réagi contre ces anciens errements et tous ont répudié l'esprit de la police impériale.

Ils se sont toujours tenus écartés de la politique et ont réprouvé avec justesse et indignation le système de la police provocatrice.

Importantes économies réalisées au budget dès 1872, extension des services de secours dans les cas d'incendie, réformes introduites dans la police des mœurs, modifications apportées dans l'intérêt de la liberté individuelle, mesures prises pour abréger la détention préventive, application de la loi relative aux enfants du premier âge et à celle de la surveillance des apprentis dans les manufactures, répression énergique du vagabondage, amélioration du régime pénitentiaire, création d'un laboratoire de chimie pour l'examen des denrées falsifiées, tel est le bilan des progrès sociaux réalisés jusqu'à ce jour et qui doit être inscrit à l'actif des Préfets de police de la République.

Ce ne sont point là des mots, ce sont des faits, ils parlent d'eux-mêmes assez haut pour que nous n'ayons pas besoin d'y ajouter le moindre commentaire.

Tous ces actes administratifs ne dénotent-ils pas

une préoccupation constante d'amélioration et de progrès.

On est trop enclin à ne voir dans le fonctionnement de la Préfecture de police que le côté répressif, pénible, vexatoire résultant de l'application de la loi ou des ordonnances, et l'on n'envisage pas assez l'utilité, la prévoyante sagesse et le dévouement que ses agents apportent à toute heure à la chose publique.

Le lieutenant de police Le Noir sut, avec une véritable prescience, doter l'administration d'une réglementation presque toute entière encore en vigueur aujourd'hui.

Pendant près d'un siècle, on ne modifia pas ces règlements, les divers régimes se succédèrent tous sans se préoccuper de savoir s'ils répondaient bien aux besoins de la population parisienne. C'est aux Préfet de police de la troisième République qu'appartient l'honneur d'avoir engagé leur administration dans une voie progressive et digne de la civilisation actuelle.

L'œuvre commencée se poursuit au milieu de difficultés spéciales et, espérons-le, passagères. Cette œuvre nous intéresse tous, depuis le plus petit jusqu'au plus grand ; elle intéresse non seulement la capitale, mais la France toute entière.

Loin d'amoindrir, de démembrer la Préfecture de police, il faut la consolider, étendre son action, car la centralisation est surtout nécessaire, indispensable en matière de police, de sûreté générale.

Le gouvernement républicain comprendra l'étrange anomalie qui circonscrit le pouvoir du Préfet de police au périmètre des fortifications, alors que jamais les moyens de communications n'ont été si nombreux et les déplacements aussi faciles. Qu'on replace la division de la sûreté générale sous la direction du Préfet de police, afin que l'action de ce magistrat soit utile, efficace partout où besoin sera.

Il y a là un intérêt pressant, incontestable, un simple décret suffit.

Au point de vue du régime financier, une autre solution s'impose.

La Préfecture de police est, ont le sait, inscrite au budget de la ville de Paris pour une somme fort importante ; or, cette administration rend des services au pays tout entier, n'est-il donc pas, dès lors, très légitime que l'État prenne à sa charge une partie des dépenses, laissant seulement à la capitale le soin de payer sa police municipale.

La Chambre des députés, saisie d'un projet de loi rédigé dans ce sens, ne pourrait que l'accueillir favorablement, car cette solution présenterait les plus sérieux avantages en mettant l'administration de la Préfecture de police à l'abri d'éventualités qu'il faut devancer, et l'heure semble plus propice que jamais!

FIN DE VINGT ANS DE POLICE.

LISTE CHRONOLOGIQUE

DES LIEUTENANTS, MINISTRES ET PRÉFETS DE POLICE.

www.ingramcontent.com/pod-product-compliance
Lightning Source LLC
Chambersburg PA
CBHW071515160426
43196CB00010B/1534

LISTE CHRONOLOGIQUE

DES LIEUTENANTS, MINISTRES ET PRÉFETS DE POLICE

LIEUTENANTS GÉNÉRAUX DE POLICE

CRÉÉS EN VERTU DE L'ÉDIT DU 15 MARS 1667

1. **LA REYNIE**, Gabriel-Nicolas (de), né à Limoges, le 26 mai 1625, mort le 14 juin 1709. — du 19 mars 1667 au 29 janvier 1697.

2. **Mis D'ARGENSON**, Marc-René, de Voyer, de Paulny, né à Venise le 4 Novembre 1652, mort le 8 mai 1721. — du 29 janvier 1697 au 1er janvier 1718.

3. **MACHAULT**, Louis-Charles (de), né en 1666, mort le 10 mai 1750. — du 1er janvier 1718 au 18 janvier 1720.

4. **COMTE D'ARGENSON**, Pierre-Marie de Voyer de Paulny, seigneur de Vilautrois, de Lye, du Plessis d'Eschelles, de Pocaney, Baron des Ormes de St-Martin, Comte de Weil, né à Paris le 16 août 1696, mort le 22 août 1764. — du 18 janvier 1720 au 2 juillet 1720.

5. **DEBAUDRY**, Gabriel-Tachereau, seigneur de Linières, né le... Mort le 22 avril 1755. — du 2 juillet 1720 au 26 avril 1722.

6. **COMTE D'ARGENSON**, Pierre-Marie. (Voir ci-dessus.) — du 26 avril 1722 au 31 janvier 1724.

7. RAVOT D'OMBREVAL, Nicolas-Jean-Baptiste, né le... mort en 1729 à d'Ombreval près Meaux. — du 31 janvier 1724 au 29 août 1725.

8. HÉRAULT, René, seigneur de Fontaine l'Abbé et de Vaucresson, né à Rouen en 1696, mort à Paris le 2 août 1740. — du 29 août 1725 au 3 janvier 1740.

9. FEYDEAU DE MARVILLE, Claude-Henri, seigneur de Dampierre et de Gien, né le... mort le... — du 3 janvier 1740 au 27 mars 1747.

10. BERRYER DE RAVENOIRVILLE, Nicolas-René, né le... mort le 15 août 1762. — du 27 mars 1747 au 16 novembre 1757.

11. BERTIN DE BELLISLE, Henri-Léonard-Jean-Baptiste, comte de Bourdeilles, seigneur de Brantôme, premier baron du Périgord né le... mort vers 1781. — du 16 octobre 1757 au 27 novembre 1759.

12. DE SARTINES, Antoine-Raymond-Jean-Gualbert-Gabriel, comte d'Alby, né à Barcelone (Espagne), en 1729, mort à Tarragone en septembre 1801. — du 27 novembre 1759 au 23 août 1774.

13. LE NOIR, Jean-Charles-Pierre, né à Paris en 1732, mort dans la même ville le 17 novembre 1807. — du 23 août 1774 au 14 mai 1775.

14. ALBERT, Joseph-François-Ydefonse-André, né en Dauphiné vers la fin de l'année 1746, mort en Dalmatie en 1792. — du 14 mai 1775 au 19 juin 1776.

15. LE NOIR, Jean-Charles-Pierre, (Voir plus haut.) — du 19 juin 1776 au 11 août 1785.

16. THIROUX DE CROSNE, Louis, né à Paris le 14 juillet 1736, mort sur l'échafaud le 28 avril 1794. — du 11 août 1785 au 14 juillet 1789.

PÉRIODE RÉVOLUTIONNAIRE DE 1789 à 1800

MINISTRES DE LA POLICE GÉNÉRALE DE LA RÉPUBLIQUE

17. **MERLIN DE DOUAI** (Comte), né à Arleux en Cambrésis en 1754, mort en 1838.   du 2 janvier 1796 au 3 avril 1797.

18. **COCHON**, plus tard comte de Lapparent, né dans le Poitou en 1750, mort en 1825.   du 3 avril 1797 au 6 juillet 1797.

19. **LENOIR LAROCHE.**   du 6 juillet 1797 au 26 juillet 1797.

20. **SOTIN DE LA COINDIÈRE.**   du 26 juillet 1797 au 12 février 1798.

21. **DONDEAU.**   du 12 février 1798 au 15 mai 1798.

22. **LECARLIER.**   du 16 mai 1798 au 29 octobre 1798.

23. **DUVAL.**   du 28 octobre 1798 au 22 juin 1799.

PÉRIODE DU CONSULAT ET DE L'EMPIRE

24. **FOUCHÉ.**	Ministre de la police.	Du 22 juin 1799 au 15 septembre 1802. Du 10 juillet 1804 au 3 juin 1810.
25. **DUBOIS.**	Préfet de police.	Du 17 ventôse an VIII (1800) au 14 octobre 1810.
26. **SAVARY**, duc de Rovigo.	Ministre de la police générale.	Du 3 juin 1810 au 3 avril 1814.
27. **PASQUIN.**	Préfet de police.	Du 14 octobre 1810 au 31 mars 1814.

DU 31 MARS 1814 AU 14 MAI 1814

Occupation de Paris par les alliés, il n'y a pas de préfet de police

---

POLICE SOUS LA PREMIÈRE RESTAURATION

du 14 mai 1814 au 20 mars 1815.

28. BEUGNOT, Jacques-Claude, (Cte), né en 1761 à Bar-sur-Aube. — Directeur général de la police. — Du 13 mai 1814 au 3 décembre 1814.

29. DANDRÉ, Martial, né à Aix (Provence) en 1759, mort en 1826. — Préfet, D' général de la police. — Du 3 décembre 1814 au 14 mars 1815.

30. BOURIENNE, Louis-Antoine, (Fauvelet de), né le 9 juillet 1769, mort dans une maison d'aliénés près de Caen le 7 février 1834. — Préfet de police. — Du 14 mars 1815 au 20 mars 1815.

PÉRIODE DES CENT JOURS.

31. RÉAL Pierre-François (Cte), né à Chatou (Seine-et-Oise) le 28 mars 1757, mort en 1835. — Préfet de police. — Du 20 mars 1815 au 3 juillet 1815.

32. PELET, de la Lozère. — Ministre de la police. — Du 3 juin 1815 au 8 juillet 1815.

33. COURTIN, Eustache-Marie-Pierre-Marc-Antoine, né à Lisieux (Calvados) en 1771, mort à Garches en 1835.	Préfet de police.	Du 3 juillet 1815 au 8 juillet 1815.

DEUXIÈME RESTAURATION

34. FOUCHÉ. (Voir plus haut.)	Ministre de la police.	Du 8 juillet 1815 au 25 septembre 1815.
35. DECAZES, Elie, duc de Glusgsberg, né à St-Martin en Laye près Libourne (Gironde), le 20 septembre 1780.	Préfet de police. / Ministre de la police.	Du 9 juillet 1815 au 29 septembre 1815. / Du 29 septembre 1815 au 18 décembre 1818.
36. ANGLÈS, Bernard (Comte), né à Grenoble en 1780, mort près de Roanne en 1828.	Préfet de police.	Du 29 septembre 1815 au 20 décembre 1821.
37. DELAVEAU GUY, né en 1788.	Préfet de police.	Du 20 décembre 1821 au 6 janvier 1828.
38. DE BELLEYME, né à Paris le 16 janvier 1787, mort à Paris le 24 février 1862.	Préfet.	Du 6 janvier 1828 au 13 août 1829.
39. MANGIN, né à Metz en 1775, mort à Metz en 1836.	Préfet.	Du 13 août 1829 au 30 juillet 1830.

PÉRIODE DE LA MONARCHIE DE JUILLET.

DE 1830 A 1848.

40. BAVOUX, François-Nicolas, né à St-Claude (Jura) le 6 décembre 1774, mort à Paris le 23 janvier 1848.	Préfet.	Du 30 juillet 1830 au 1er août 1830.

41. **GIROD DE L'AIN**, Amédée (Baron), né à Gex (Ain) le 18 octobre 1781, mort à Paris le 27 décembre 1847.	Préfet.	Du 1er août 1830 au 7 novembre 1830.
42. **TREILHARD** (Comte).	Préfet.	Du 7 novembre 1830 au 26 décembre 1830.
43. **BAUDE**, Jean-Jacques (baron), né à Valence (Drôme) en 1792, mort à Paris le 7 juin 1862.	Préfet.	Du 26 décembre 1830 au 21 février 1831.
44. **VIVIEN**, Alexandre-François-Auguste, né à Paris le 3 Juillet 1799, mort à Paris le 7 juin 1854.	Préfet.	Du 21 février 1831 au 17 septembre 1831.
45. **SAULNIER**.	Préfet.	Du 17 septembre 1831 au 15 octobre 1831.
46. **GISQUET**, Henri, né à Vezin (Moselle) le 14 juillet 1792, mort en 1837.	Préfet.	Du 15 octobre 1831 au 10 septembre 1836.
47. **DELESSERT**, Gabriel-Abraham-Marguerite, né à Paris le 17 mars 1786, mort à Passy le 29 janvier 1858.	Préfet.	Du 10 septembre 1836 au 24 février 1848.

PÉRIODE DE 1848 A 1852

48. **CAUSSIDIÈRE**, Marc, né à Genève le 18 mai 1808, mort le 26 janvier 1861.	Nommé délégué au département de la police conjointement avec Sobrier, seul préfet de police.	Du 24 février 1848. Du 17 mars 1848 au 18 mai 1848.
49. **TROUVÉ-CHAUVEL**, Ariste, né à la Suze (Sarthe) en 1805, habite l'Algérie.	Préfet de police.	Du 18 mai 1848 au 19 juillet 1848.

50. DUCOUX, François-Joseph, né à Château-Ponsac (Haute-Vienne) le 14 Septembre 1808, mort en 1871.	Préfet de police.	Du 19 juillet 1848 au 14 octobre 1848.
51. GERVAIS DE CAEN, François-Guillaume, né à Caen le 6 mai 1803, mort en décembre 1867.	Préfet de police.	Du 14 octobre 1848 au 20 décembre 1848.
52. REBILLOT (colonel), né à Vitry-le-François le 31 mars 1794, mort à Ajaccio le 28 octobre 1855.	Préfet de police.	Du 20 décembre 1848 au 8 novembre 1849.
53. CARLIER, Pierre-Joseph-Charles, né à Sens (Yonne) en 1799, mort à Sens le 28 mars 1858.	Préfet de police.	Du 8 novembre 1849 au 26 octobre 1851.

PÉRIODE DU SECOND EMPIRE.

DE 1852 A 1870

54. DE MAUPAS, Charlemagne-Emile, né à Bar-sur-Aube le 8 octobre 1818, réside à Paris.	Préfet de police. Ministre de la police.	Du 26 octobre 1851 au 23 janvier 1852. Du 22 janvier 1852 au 10 juin 1853.
55. BLOT, Sylvain.	Chargé de l'intérim de la Préfecture de police.	Du 23 janvier 1852 au 27 janvier 1852.
56. PIÉTRI, Pierre-Marie, né à Sartène (Corse) en 1810, mort à Paris le 23 février 1864.	Préfet de police.	Du 27 janvier 1852 au 16 mars 1858.
57. BOITELLE, Symphorien, né en 1813, réside à Paris.	Préfet.	Du 16 mars 1858 au 21 février 1866.
58. PIETRI, Joachim, né à Sartène (Corse) en 1820, réside à Paris.	Préfet.	Du 21 février 1866 au 4 septembre 1870.

PÉRIODE DE LA TROISIÈME RÉPUBLIQUE

59. **DE KÉRATRY** (Comte), né à Paris le 20 mars 1832, réside à Paris.	Préfet de police.	Du 4 septembre 1870 au 11 octobre 1870.
60. **ADAM, Edmond**, né au Bec Hellouin (Eure) en 1816, mort en 1878.	Préfet de police.	Du 12 octobre 1870 au 2 novembre 1870.
61. **CRESSON**, réside à Paris.	Préfet de police.	Du 3 novembre 1870 au 10 février 1871.
62. **CHOPPIN**, réside à Paris.	Délégué aux fonctions de Préfet de police.	Du 11 février 1871 au 15 mars 1871.
63. **VALENTIN** (Général), en retraite à Meung-sur-Loire.	Préfet de police	Du 15 mars 1871 au 18 novembre 1871.
64. **RENAULT, Léon-Charles**, né à Maisons-Alfort le 24 septembre 1839, député de l'arrondissement de Corbeil.	Préfet de police.	Du 18 novembre 1871 au 10 février 1876.
65. **VOISIN, Félix**, né à Paris le 3 décembre 1832, actuellement Conseiller à la Cour de Cassation.	Préfet de police.	Du 10 février 1876 au 16 décembre 1878.
66. **GIGOT, Albert**, né à Orléans (Loiret) en 1836, réside à Paris.	Préfet de police.	Du 16 décembre 1878 au 3 mars 1879.
67. **ANDRIEUX, Louis**, né à Trévoux (Ain) le 24 juillet 1840.	Préfet de police actuel.	Du 3 mars 1879.

TABLE DES MATIÈRES

PREMIÈRE PARTIE

Chap.
I. Quelques lignes d'introduction indispensables au lecteur 1

II. Dix préfets de police en vingt années ! — Graves inconvénients occasionnés par les changements de ces hauts fonctionnaires. — Ce qu'il faut pour faire un bon préfet de police. 5

III. Événements de 1848 : Blanqui, M. C*** et la garde mobile. — L'agent secret Z. Marcas. — M. de Morny et M. d***. — Épisode relatif au Coup d'État de Napoléon III . . . 13

IV. M. Piétri, préfet de police (27 janvier 1852 au 16 mars 1858). — L'Impératrice Eugénie et une grande dame étrangère. — Un complot avorté. 33

V. M. Boitelle, Préfet de police du 16 mars 1858 au 21 février 1866. — Un préfet doit être diplomate. — Le chambellan X***, policier-amateur. — Deux dangereux conspirateurs. — Napoléon III, M. Boitelle, le chambellan X***. — Le portrait d'Orsini 41

Chap. VI. M. Piétri, second Préfet de police du nom (24 février 1866 au 4 septembre 1870). — Le journaliste diplomate. — Son voyage à Urbs. — Une dépêche qui se trompe d'adresse. — M. Lagrange en fonctions. — Saisie des papiers. — Une révélation. — Détails sur le fameux complot d'Imperatori, Grecco, Trabucco et Scaglioni. — Comment on fait une conspiration. — L'œil vigilant de la police impériale. — Comédie tragi-comique 49

VII. Des divers procédés de chantage. — Histoire d'un entrepreneur et d'un ouvrier. — Le maître chanteur par amour 73

VIII. Souvenirs de police à propos du docteur de Lapommerais. — Une descente de justice au milieu d'une noce. — Un mot de bourreau. — Détails significatifs sur l'affaire dite du procès de Blois. 101

SECONDE PARTIE

IX. Un crime inconnu. — Assassinat commis par un indicateur de la sûreté. — Le cadavre coupé en morceaux. — Habileté d'un commissaire de police. — Mort du meurtrier dans sa prison 117

X. La journée du 4 septembre 1870 à la Préfecture de police. — Prise de possession par M. Antonin Dubost. — M. le comte de Kératry, premier Préfet de police de la troisième République (4 septembre 1870 au 11 octobre 1870), M. Edmond Adam (12 octobre au 2 novembre 1870), M. Cresson (3 novembre 1870 au 10 février 1871 133

XI. M. Chopin, délégué aux fonctions de préfet de police, du 11 février au 15 mars 1871. —

Général Valentin, préfet du 15 mars au 18 novembre 1871. — Abandon de la Préfecture. — Le départ pour Versailles. — Installation des services. — Le comte de la B**. — Une conspiration sans conspirateurs, singulière aventure du Sous-Préfet de X 157

XII. Réorganisation du service spécial de sûreté près le chef de l'État. — Les déplacements de M. Thiers. — Ce que devinrent les papiers enlevés de l'hôtel de la place Saint-Georges. 187

XIII. M. Léon Renault, du 18 novembre 1871 au 10 février 1876. — Reconstitution des sommiers judiciaires et des archives administratives. — Réformes économiques. — Enquête sur les bonapartistes. — Pièces de cinq francs à l'effigie de Napoléon IV . . 199

Deux princes du sang, une comédienne, une cocotte, et de l'aventure qui leur advint. 213

XIV. M. Félix Voisin, du 10 février 1876 au 16 décembre 1878. — De l'importance du choix d'un chef de cabinet. — Essais tentés pour appliquer la photographie électrique à la recherche des malfaiteurs. — M. Albert Gigot, du 16 décembre 1878 au 8 mars 1879. — Modifications apportées dans la détention préventive. — Création d'un journal de police. — Excursions dans les cafés concerts. 219

XV. M. Louis Andrieux nommé préfet le 3 mars 1879 235

L'Agent secret 245
La police française à l'étranger 265
Conclusions 291
Liste chronologique des Lieutenants, Ministres et Préfets de police 301

FIN DE LA TABLE DES MATIÈRES.

ANGERS, IMP. BURDIN ET Cie, RUE GARNIER.

www.ingramcontent.com/pod-product-compliance
Lightning Source LLC
Chambersburg PA
CBHW071511160426
43196CB00010B/1483